中国式
社交艺术

刘慧滢 / 编著

华龄出版社
HUALING PRESS

图书在版编目（CIP）数据

中国式社交艺术 / 刘慧滢编著 . -- 北京 : 华龄出版社 , 2022.3

ISBN 978-7-5169-2222-4

Ⅰ . ①中… Ⅱ . ①刘… Ⅲ . ①心理交往—语言艺术—中国 Ⅳ . ① C912.13

中国版本图书馆 CIP 数据核字 (2022) 第 057734 号

策划编辑 刘天然　　责任印制 李未圻
责任编辑 郑　雍　　封面设计 韩海静

书　名	中国式社交艺术	作　者	刘慧滢
出　版 发　行	华龄出版社 HUALING PRESS		
社　址	北京市东城区安定门外大街甲 57 号	邮　编	100011
发　行	（010）58122255	传　真	（010）84049572
承　印	三河市燕春印务有限公司		
版　次	2022 年 3 月第 1 版	印　次	2022 年 3 月第 1 次印刷
规　格	640 mm x 910 mm	开　本	1/16
印　张	13	字　数	150 千字
书　号	ISBN 978-7-5169-2222-4		
定　价	49.00 元		

前 言

很多人都有这样的经历：你正在专注地工作，忽然某个朋友发来“投票链接”，忙碌的你忘记回复，没想到他却因为此事而生气。你觉得委屈，平时大事小情也没少出手相助，唯独这么微不足道的一件事，却让彼此产生了隔阂。

以下这些情况是否也似曾相识：

明明没什么坏心眼，开口讲话总是得罪人；

每天忙于各种聚会，却没有几个真正的朋友；

与人为善，委曲求全，可别人总是忽略你的感受；

上司不再交代你做事情了，好像彻底遗忘了你；

疲于应对各种人际关系，陷入深深的“社交恐惧”……

这些关系危机的爆发，都是因为忽视了这几个字：中国式人际交往。

从古至今，中国都是一个讲关系、讲人情的国度。“人情”体现了中国人的仁爱、友善，对于维系和改善人际关系起着至关重要的作用。因此，人与人之间的交往，不是简单的信息交流，更是一种情感交流的过程。如果缺乏人情味，就失去了交往的基础，各种人际关系矛盾也接踵而至。

掌握中国式人际交往的规则、方法与技巧，是在社会成事立足的关键。与领导交往时，能快速获得赏识和认可；面对客户时，能源源不断获得订单；与同事相处时，能建立和谐、融洽的关系。除此之外，在日常生活之中，人情来往、接人待事，也更加得心应手，八面玲珑。

为了帮助大家维系好人际关系，我们创作了本书《中国式社交艺术》。这是一本实用全面、适合国人阅读的社交指南，共分为心理学策略、社交礼仪、沟通技巧、读心识人、构建人脉、宴请宾客、职场交际、为人处世、情感经营、矛盾突围十个篇章。结合古今中外经典故事和日常生活中的实际案例，对人际交往的各种现象进行了详尽的分析。书中还提供了成功人士都在运用的人际交往法则以及简单实用的方法，可以帮助你迅速掌握人际交往的精髓，进而拓展人脉圈，扫清社交烦恼，坐拥成功与幸福的人生。

“他山之石，可以攻玉”，借鉴他人的经验，成就自己的人生。这是本书创作的初衷，也是我们希望达到的目的。愿广大读者能够通过阅读本书，拥有良好的人际关系，无论是在朋友圈，还是职场、商场等社交场合，都能光彩照人，魅力四射。

目录

第一章　懂点心理学，社交不吃闭门羹

第二章　打造好印象，迈过陌生这道坎

第一章

懂点心理学，社交不吃闭门羹

良好的氛围有利于交际成功

在日常生活中，无论吃饭还是学习，大多数人总会强调“要有氛围感”。没错，氛围对于我们来说尤其关键，尤其当与人交往的时候，如果渲染得当，可以增强你的吸引力。如果不信，可以看看以下这个例子。

一位专家应一场会议之邀，进行一场学术讲座。但由于场地临时发生改变而时间仓促，来不及通知众人，结果到场的人很少。专家到了会场才发现，只有十几个人参会。

专家有点尴尬，但不讲又不行，于是他随机应变，说道：“会议的成功不在人多人少，中共第一次党代会才到了十二人，但意义非同小可。今天到会的都是精英，我因此更要把课讲好。”

这句话把大家逗得开怀大笑。这一笑，活跃了气氛，再加上专家讲课充满激情，他的讲座取得了成功。

人际交往就如同舞台上的演出，为了演出的成功，不仅需要很好的台词、演技，还需要一种看不见、摸不着，却必不可少的氛围，就像电影中要有背景音乐来渲染气氛。在人际交往的场合，也往往需要营造点氛围，好像交际的润滑剂，使交际能顺利地进行下去。

在交际活动中，如果把交际桌看成是会议桌，气氛就很难营造起来，也无法让对方投入。想让对方投入，一半要靠自己的带动。有一种生意人，他们可以在会议桌上非常严肃、非常理智，然而，一旦到了社交场合，却又放得很开，与人斗酒、唱卡拉OK、开各式各样的玩笑，一副百无禁忌的样子。这么做事实上也是为了营造交际气氛。

在日常生活中，个人的情绪体验是受多种因素影响的，如光线、气温、噪声以及卫生条件等，都会左右我们的情绪，而这些情绪反应又影响到人际吸引力。

国外一项实验研究证明，不同的音乐背景对人际吸引力有不同的影响。他们以女大学生为例，首先测定她们最喜欢和最不喜欢的音乐，然后请她们评定一些陌生男性的照片，在评定过程中播放不同的背景音乐作为衬托。结果发现，当碰到她们喜欢的音乐作为背景时，对照片中的人物评价较高；当用她们不喜欢的音乐作为评价背景时，对照片中的人物的评价往往较低；而在没有音乐背景配合时，评价介于上述两种情况之间。

个体的体验不仅受物理环境的影响，同时还受个人的知识、经验、个性等因素的影响，带有强烈的个人主观色彩。在人际交往中，我们应当看到个体的主观体验会影响我们对一个人的评价。当我们作为社交活动的组织者或主导的一方时，应当注意环境布置的细节问题，使客人们能在清洁舒适、平等友好的场合中畅所欲言。

同时，在具体的交往场合中，我们自己又要发挥理智的、能动的调节作用，尽量客观地评价交往对象，不要受环境氛围的困扰和迷惑。在和谐、融洽的交际氛围中，在平等、自由等具有安全感的人际情境中，我们更愿意进行主动的交流与沟通。因而在人际交往时，我们要善于通过环境、幽默的言谈等营造良好的交际氛围，以增加吸引力。

表达你的好感，是人际交往的润滑油

在心理学中，表达你对别人的好感，就会赢得别人对你的好感。这种方法虽然简单，却是人际交往的润滑油，能够推动人际关系向良好的方向发展。

在朋友圈中，袁郎是一个极有魅力的人，大家总会不知不觉地受他的影响。他走到哪儿，就会给哪儿带来生气与活力。当你讲话时，他会全神贯注地倾听，让你感觉自他听你说话的那一刻起，你就比以前更加重要了。人们都喜欢接近他，愿意与他在一起工作、学习和聊天。

一个阳光灿烂的秋日，李力和袁郎坐在办公室里闲谈，忽然看见陈平向他们走来。

"讨厌的人过来了，我可不想碰到他。"李力说着，想出去避开一下。

"为什么？"袁郎问。

"到这个单位以来一直感觉和他关系不太好，我不喜欢他提出的一些问题，他也不满意我所做的事情。除此之外，"李力说道，"那家伙就是不喜欢我，跟我不喜欢他一样。"

袁郎看着陈平："看上去他没有那样讨人厌烦啊，至少不像你说的那样，或许你想错了。或许是你逃避他。你这样做，只因为你害怕，而他可能也觉得你不喜欢他，因此他对你也就不那么友善了。人们都喜欢那些喜欢自己的人，如果你对他表示好感，他就会以同样的方式对待你，去跟他说说话吧。"

于是，李力试着迎向前去，热情地问候陈平刚过去的周末怎么样，是否过得愉快。陈平听到李力的问候，表现出十分惊奇的样子，而此刻袁郎正看着他们，咧着嘴在笑。

人与人的沟通有时候并没有想象中的那样难，如果你愿意表达自己的好感的话。人都是喜欢听一些表扬的话，让自己高兴的话，当然，这种表扬和高兴不是那种有目的的拍马屁之类的话语，不是那种有意美化别人的献媚，而是实实在在地表达你的赞美，表达你的真诚。

对别人表达你的好感，这种表达不用投资，不需本钱，只要你发自内心的一个微笑，一个欣赏的眼神，一句轻轻的赞许就行了。

有人说："生活是一面镜子。你对人生表达好感，人生回报给你的也必是一片好感。”善待他人同时也是在善待自己。正像站在镜子前一样，你怒他也怒，你笑他也笑，一切取决于你的态度。不妨试试看，用感激去装扮你的人生，点缀你的生活。从今天开始，多些感激，勇敢向他人表达你的好感吧！

“我们”常挂嘴边，消除对方陌生感

曾经有一位心理学家，做了一个有名的实验，就是选编了三个小团体，并且分派三人饰演专制型、放任型、民主型的三位领导人，然后对这三个团体进行意识调查。

结果，领导人饰演民主型的这个团体，表现了最强烈的同伴意识。而其中最有趣的，就是这个团体中的成员，大都使用“我们”一词来说话。

经常听演讲的人，大概都有这样的经验，就是演讲者说“我这么想……”，不如说“我们是否应该这样”，更能使你觉得和对方的距离接近。因为“我们”这个字眼，也就是要表现“你也参与其中”的意思，所以会令对方心中产生一种参与意识，按照心理学的说法，这种情形是“卷入效果”。

小孩子在玩耍时，经常会说“这是我的东西”“我要这样做”，是小孩子的自我和自己显示欲所造成的。但有时在成人世界中，也会出现如此说法，而这种人不仅无法令对方有好印象，可能在人际关系方面也会受阻，甚至在自己所属的团体中，形成被孤立的场面。

人心是很微妙的，同样是与人交谈，但有的说话方式会令对方产生反感，而有的说话方式却会令对方不由自主地产生好感。

因此，若想表现得更好，形成圆满的人际关系，就应善加利用这种“卷入效果”。

反复暗示，让他对你加深印象

心理学家指出，交际过程中，通过对一点的反复强化、暗示、刺激，对方便会以此为基础，加深对你的印象。

关于这一点，我们就以常见的“反复性的暗示”为例。这是应用了一个人如果反复接受几次相同的刺激，这种刺激就会在意识中留下某种“痕迹”。但是，如果仅仅是单纯的“反复”，那么就犹如“米糠中钉钉”“黑夜中打炮”——徒劳一场。所以，要把这种暗示效果用于那些有先入之见的人时，必须考虑到对方是根据个人的经历使自己的先入之见得到“强化”的。

大家知道，有的宣传或广告是通过引人注意的词句或特定的标志来加深我们对商品或人物的印象的，这其中的道理和暗示的作用是一样的。如果你经常听到“带有足球标志的书店”“车站旁边的餐厅”等等，那么，久而久之，你会不知不觉地对它们产生一种亲切感。

尤其是当对方具有某种先入为主的观念时，通过突出与对方的先入之见相反的事物给他加深印象会更为有效。例如，食品厂家千方百计让你感觉到快餐食品是手工制作的；在给人留下冷冰冰印象的银行或保险公司里，贴上给人以温馨感觉的宣传标语等等，都是利用了这种方法。不仅仅是宣传、广告，在面对面地与对方交流时，如果也能这样多次重复与对方的先入之见完全不同的语言或态度，也会收到良好的效果。

有一个想当歌手的年轻人去拜访一位作曲家，作曲家将他拒之门外。但是这个年轻人就在作曲家门前静坐不起，最后作曲家终于接待了他。这种“肉搏战”看起来似乎与说服无关，但是可以说这符合“通过重复加深印象”的道理。这样，年轻人通过将自己例外化，告诉作曲家“我与其他人不同”，由此打破了作曲家的先入之见。

这种通过重复来加深印象的交流之所以奏效，是因为它在给对方心理上带来一种“暗示作用”的同时，对方可以建立一种对你有利的“新观念”。

美国一位语言学家说：“同一个音节或语法结构的重复会给人带来强烈的感化力。”例如，林肯最有名的语言是“来自人民的为人民的人民政府”。如果只是为了表明意思，只说“人民的政府”就可以了。人们听到林肯的讲话，似乎更加强化了人民政府已经诞生的这种意识。

这种“反复重复一点的效果”在恋爱电影镜头中也常常看到。例如，认为自己算不上美人的女性被男友多次地说“你的眼睛真美！”等赞美的话之后，她便开始觉得自己很漂亮，更加倾心于这位男友。这种强化实际上也就是前面所说的给对方植入并加深“新的观念”。

客观来讲，接收到相同的资讯，会让人形成一种它们确实很重要的错觉，因而将它们储存起来。透过这种方式，对方就能对你的想法留下深刻的印象，并转化成记忆保存下来。因此，优秀的交际高手，都会不断地使用“反复性的暗示”。

“反复性的暗示”有两种不同的操作模式：一是重复相同的

语句；二是换汤不换药，用不同的方式表达相同的意念。两者情况大致如下：

第一，反复使用相同的语言。一而再，再而三地运用字义相同或相近的语言。比如，你的友人患了癌，非得动手术才能存活下去。偏偏你的朋友十分怕动手术，这时你就必须说服他接受手术。为此，你得不停地重复告诉他："你想活下去，就得动手术，否则的话……还是尽快接受手术吧！"

第二，用不同的方式重复相同的意念。如果老是重复相同的语句，弄不好反而让人觉得你婆婆妈妈，不堪其扰。因此，变换方式来表达相同的意思，就能避免这种情况的发生。

我们不妨举上面的例子来做变化。"你想继续活下去，对吧！如果你放弃的话，情况只会越变越糟！目前没有比动手术更有效的方法了！你看看人家小李，手术后不是痊愈得很快吗？如果你动了手术，也会跟他一样。振作点儿，别再说丧气话啦！"这样是不是比上面的例子更能够表达你的心意。

"重述是修辞学上唯一的原则。"刚开始只有你自己明白，别人未必能摸得着头脑。因为理解一种新的观念，很需要一些时间，并且必须集中全部注意力。所以为使人家彻底了解，必须反复解释，但是不可以用一句完全相同的话，免得听众反感。最好用几种不同措辞，改换几种说法，你的听众就不会当你重复了。

美国政治家柏修安说："如果你自己还没有明了那个问题，你绝对无法令人家来明了那个问题；反之，你对那个问题越是认识清楚，你把那个问题传达到人家心里也越是容易。”

上面第二句话，就是第一句话的重述。我们所讲的“反复性暗示”也是一种重述性的“部分刺激”。当你说到第二句的时候，对方还没有工夫来细细地辨味一下他究竟是不是重复，反而觉得这样一解释，显得格外清楚了。

把一件事情反复暗示说明，这也是把反对我们的意见和不能和我们统一的意见加以阻止而不使发生的一种方法。

在 18 世纪与 19 世纪之间，爱尔兰有一位政治家欧康尼尔，他有很丰富的演说经验。他说：“要使大家能够相信并且接受一种政治的真理，只讲一两次甚或是 10 次是不会成功的。”

他又继续说：“要使政治上的真理深入人心，必须要再三地申述，因为听众若是继续听那一件事，在不知不觉中就和这一个真理连在一起了。到了后来，他们把那一件事静静地安置脑海中，就像信仰宗教一样的不再去怀疑了。”

美国议员哈里曼·强生，就因为懂得这个道理，才能连任加利福尼亚州的州长达 6 年之久。他在任州长之前，每次的演讲，差不多总是说：“朋友们，请记住一点，我要做下次的加利福尼亚州的州长，我做了州长之后，一定要命令哈林的劣政以及南太平洋铁路公司滚蛋。”

美以美学会的创始人约翰·斯烈的母亲也深懂这个道理，所以她的丈夫问她为什么老把一件事要对儿子讲上 20 次的时候，她就说：“因为我说了 19 次，他还没有学会。”

美国第 38 任总统威尔逊，他也深明这个道理，所以他的演说，常常应用这一方法。下面一段话中的末两句的措辞完全是第一句话的重述："你们知道近几年来的大学生，他们并没有受到教育；你们知道我们所用的教授方法并不曾教出一个人；你们知道我们所有的训导也不曾训练出来一个人。"

有一位销售部经理曾不止一次地说："我不得不把公司的规章制度强加于客户身上。许多规定他们并不喜欢，当他们坚持要我对他们例外的时候，我感到很为难。"

举个例子，你可以说："我明白您有不满意的地方，但是我们不能给任何人例外。"或"我也想给您例外，但我不能。"如果此人还继续要求，把刚才所说的冷静地确切地再重复一遍，不要提高嗓门或者推卸责任。你会发现，当你第三次重复这句话时，对方就不会再坚持了。但是要记住：当你不能按照对方的要求去做的时候，如果可能的话，尽量提供至少两个可供选择的方案。

当通过语言解释不能起到突出化作用，而且很难给人带来亲近感时，可使用这种方法。如：通过说"卖××的阿姨"等等，将推销员特定化，这样可以给人带来亲近感，容易让对方接受与他的先入之见相对立的新观念。因此，在这种情况下，主要目的不是要打破对方的先入之见，而是通过一种"缓和剂"将对方的先入之见引导到有利于自己的方向上来。

可见，你要让对方对你印象深刻，想让对方对你先入之见有客观的认识，你就可以遵循这一原则：给他人反复的暗示。

别吝啬可以说的“秘密”

你有没有发现，越是功成名就的人，就越喜欢别人说起他小时候的趣事。这些趣事即使在当时是件不很光彩或是不雅的事，他都会觉得有意义。在与人交往时，如果某人的身份地位比你高，当他透露些小小的弱点，你一定会觉得跟他比较亲近。

美国总统候选人史蒂文森的裤底破了一个洞，这个小秘密风靡了全国；前总统布什承认自己不敢吃花椒菜，也让全美国人津津乐道；而奥巴马总统的亲民形象，更是由于第一夫人米歇尔常常曝光他的“丑事”：“那个家伙并非如此令人敬佩，他也有毛病。总把袜子塞到脏衣服里，铺床的时候他还不如我们5岁的女儿萨沙。”“就在今天，他早餐时用完黄油后就不管了。我只好说：‘这可是你自找的，别怪我又唠叨，你为什么就不能把黄油罐盖上？’”

事实上，这种用隐私交换友谊的招数是经营人际关系的高手最爱使用的，他们深知人人都有知晓别人隐私的兴趣，即便嘴上说不关心，心里也会蠢蠢欲动地想要看上一眼。那些善于与人打交道的人，即使与对方并不熟悉，也会创造一种亲切的气氛，必要时暴露一些自己的隐私，这样，即使是反对他的人也会对他产生亲近感，并乐于为他所用。

研究交际心理学的人士指出，让别人看到你的缺点或弱点，别人才会觉得你真实可信，不存虚假，从而产生亲近感；反之，完全把自己“藏起来”，就会使人感觉造作、虚伪、有压力。

小敏是同宿舍中最擅长交际的一个，人也长得漂亮。但同宿舍甚至同班的其他女孩都找到了自己的男朋友，唯独漂亮、擅长交际的小敏仍是独自一人。

为什么呢？她身边的同学都表示，她太神秘，别人很难了解她。和她有过接触的男同学也说，刚开始和她交往时，感觉她是个活泼开朗的女孩，但时间一长，就发现她很自私。

原来，小敏一直对自己的私生活讳莫如深，也从不和别人谈论自己，每当别人问起时，她就把话题岔开，怪不得同学们都觉得她神秘呢！

有些人社交能力很强，他们可以饶有兴趣地与你谈论国际时事、体育新闻、家长里短，可是从来不会表明自己的态度。而一旦你将话题引入略带私密性的问题时，他们就会插科打诨，转移话题。当自己处于明处，对方处于暗处，你一定会感到不舒服。自己表露情感，对方却讳莫如深，不和你交心，你一定不会对他产生亲切感和信赖感。

在生活中，有的人知心朋友比较多，虽然他们看起来不是很擅长社交。如果你仔细观察，会发现这样的人一般都有一个特点，就是为人真诚，渴望情感沟通。他们说的话也许不多，但都是真诚的，所以他们总能交到真心的朋友，当他们有困难的时候，总会有人来帮助，而且很慷慨。当一个人向你表白内心深处的感受，你可以感到对方信任你，想和你达到情感的沟通，这就会一下子拉近你们的距离。

实际上，人和人在情感上总会有相通之处。如果你愿意向对方适度袒露，总会发现相互的共同之处，从而和对方建立某种感情的联系。向可以信任的人吐露秘密，有时会一下赢得对方的心，赢得一生的友谊。

心理学家在纽约市的广播节目中介绍了3位候选人后，要求听众从3个人中选出一个人来。关于这3个候选人的情况，首先介绍了第一位，他具有政治家的资历、学历和人品。然后介绍了第二个人的政治经历及实际工作成绩。关于第三位候选人，只介绍了他的私生活，例如他非常疼爱孩子、吸烟、每天带着狗去散步等。

投票的结果是第三位候选人获得了压倒性的胜利，尽管选民们不知道他作为政治家的能力如何。这大概是因为这位候选人让选民们感到他最容易亲近的缘故吧。这个实验表明，选民们投票时的判断基准，比起政治来他们更重视候选人是否让他们感到亲切。这个心理实验还告诉我们，要让一个人对你感到亲切，就应该与对方进行具有人情味的交流。

在当代作家中，贾平凹是屈指可数的文学奇才，有人还把他称为“鬼才”。

2020年，年近70岁的他创作出了都市题材小说《暂坐》，收获了无数鲜花和掌声。很多读者觉得这部小说写得好，既写出了当代女性遭遇的各种困境，还写出了商场的乱象丛生，真实地反映了各种社会现状，让人看完有了颇多感悟。但很快，又有读者站了出来，表示这本书写得太过俗气，书中对男女之事的描绘篇幅过多，太过于直白，让人看了只剩冲动感。

面对这么多的争议，贾平凹并没有生气，反而镇定自若地回应：“生活不就是由这些俗气的点点滴滴构成的吗？这本书里面蕴含了我这大半辈子的人生智慧，如果你只是从中看到了肤浅的男女之事，而看不到其中蕴含的道理，那真是一种遗憾。”

贾平凹的回复一针见血，这与他的人生阅历有关。他淡定地面对冷意，冷静表达出自己的看法，使读者对他的反感情绪转变成对他的亲切感和好感，从而获得大众的支持。

如果在与人交往的过程中，稍稍透露出你的个人隐私和缺点，反而能使对方对你产生好感。如果把自己打扮成神秘的角色，对自己的隐私完全隐瞒，那对方肯定认为你并不信任他，认为你没有把他当成朋友，没有把他当成知音，自然而然地，对方不会亲近你，更不要提办事情了。因此，我们要学会巧妙地透露自己的隐私，当你对一个人透露出一点点个人隐私的信息，立马对他是一种吸引。得到了别人的隐私，便有义务做他的朋友。如果对方不喜欢你，就跟他聊聊你自己吧，那些你生活中鲜为人知的琐事往往就能软化对方的心。

不过，运用这一招时，要注意以下几个要点：

（1）你所说的秘密一定要是无伤大雅的小事。

（2）这些小事是无心的错误或者是与生俱来的。

（3）不会伤及对方的自尊及影响对方的事业、声誉。

多谈论他感兴趣的话题

相信每一个人都希望自己成为别人眼中的受欢迎者，无一例外地渴望自己能够得到其他人的喜欢，让别人对自己产生兴趣。可是，很多人都抱怨说，与人沟通是一件非常困难的事。事实上，自己已经做出努力了。当与对方交谈时，总是尽力地去寻找一些话题，希望以此来打开沟通之门。然而，得到的结果却往往是这样的回答："对不起，我对你所说的事情一点儿都不感兴趣。"

如果想经营好人际关系，那么就应该多谈论对方感兴趣的话题，我们可以借鉴那些成功人士的经验：

马总不仅是一位成功的企业家，也是与人沟通的专家。他手下的员工曾有这样的疑惑："在马总身上有一种神奇的魅力，他可以和任何人自由地进行交谈，并且能够快速获得别人的好感。无论是公司各部门的高管，还是公司的司机、安保人员、保洁员，马总都懂得该和他们说些什么，所以一直以来他的人缘特别好。我很好奇，马总究竟如何做到这一点的呢？"

这位员工虽然发现了马总与人交往的能力，却没有从中找到答案。其实，马总的秘诀就是在与每一位人聊天之前，认真地站在对方的角度考虑问题。马总之所以这么做，原因只有一个，那就是与对方产生共鸣，进而开启高效、愉悦的交流。

由此，我们可以得出一个结论，要想成为受人欢迎的说话高手，就要用热情和生机去应对别人，多多谈论他人感兴趣的话题。

相信你现在知道为何不能很好地与人沟通了吧？最根本的错误就在于，你最初的出发点是"你要说什么？"而不是"他要说什么？"。因此，你所选择的话题是不会让别人感兴趣的，也不会得到对方的认同。

有一位著名的心理学教授，她在一篇关于人性的文章中写了这样一个故事，内容就是关于如何与人沟通的。

那一年她8岁，一个周末的下午，她独自一人去拜访她的姑妈，并且要在她家度假。一天晚上，有一个中年男子来拜访。这名男子在与姑妈互相问候之后，就开始和她交谈起来。

那次谈话真的非常愉快，因为幼年时的她对动漫非常感兴趣，而那位客人谈论的话题一直都围绕着动漫，所以她觉得畅谈得很愉快。等到客人走之后。她对姑妈说：“姑妈，您的这位客人是我见过最棒的人！因为他与我有同样爱好，都喜欢看动漫，这真是太妙了！”

然而，姑妈却对她说：“你错了，我的朋友其实是一名司机。至于动漫，他根本没时间看，更谈不上什么感兴趣了。”女教授觉得很奇怪，就问姑妈：“可我不明白，既然他对动漫不感兴趣，那么为什么还一直都和我谈论这方面的话题呢？”

姑妈说：“道理很简单，因为这位朋友是一个非常高尚的人，他察觉出你喜欢看动漫，因此就围绕着这个能够让你喜欢，并且可以使你感到愉快的话题来交谈。当然，这也让他受到别人的喜欢。”

教授在那篇文章的最后这样写道：“我永远都不会忘记姑妈那番话，因为从那以后我明白，如果想让别人接受你，那么就找一个他感兴趣的话题。”

每个人都希望对方能够围着自己转。因此，当与他交往时，最有趣的、最值得谈论的话题就应该是那些他所感兴趣的，否则就是枯燥乏味的。

张雷是一家快餐连锁企业的老板，他一直都想开展跨界合作，让一家连锁酒店长期订购他们的快餐。为了这宗大买卖，张雷做了两年的努力。他几乎每星期都去拜访这家旅馆的老总，而且还经常参加这位老总举办的各种聚会，还主动为旅店提供客户资源。然而，虽然每次张雷都能够受到礼貌的接待，却始终没有谈成这宗生意。

后来，张雷接受了朋友的建议，也就是说从对方的关注点入手。通过一系列的调查，张雷得知，这位老总对公益事业非常热衷，曾创办了一个公益基金会，专门救助一些患有重疾的贫困儿童，他希望自己所创办的公益组织能遍布全国。为了实现自己的梦想，只要是公益活动，不管在什么地方，他都会不辞劳苦，只身前往。

张雷了解到这些情况后，再一次敲开了旅店老总的大门，迎接他的依然是那张和蔼可亲但却又不容商量的脸。张雷开始和他谈论起有关公益的事情。这次，他获得了意想不到的收获，因为那个人的反映出奇的好。以前都是张雷苦口婆心地劝说老总，这次却是他滔滔不绝地讲述着。在谈到他的基金会最近救助的一个孩子时，老总的眼眶湿润了，显得十分激动。张雷可以确定，自己这次谈话找对了方向，因为这个话题的确是老总的毕生所愿。在离开办公室之前，那位老总还不忘对张雷说："如果你也有兴趣，欢迎你也加入我们的公益组织。"

在整个谈话中，张雷始终没有提到订购快餐的事。不过，就在几天以后，那家旅馆的一位负责人打来电话，希望张雷能够抽空带一些菜品及报价单来。张雷非常激动，他觉得难以置信，在他努力的两年时间里，几乎用尽了各种方法，然而都无法说服对方。而当他试着从对方感兴趣的话题谈起，情况却完全改观了。

因此，如果想让对方对你产生好感和兴趣，那么最好的办法就是谈论他最感兴趣的话题。

任何一段关系，都遵循“互惠定律”

人际关系的本质，其实就是等价的“利益交换”，这种交换可以是有形的，也可以是无形的。比如你今天帮了对方一个忙，对方为了感谢请你吃饭，就已经进行了利益交换，这种交换就是无形的。在心理学中，这叫作“互惠定律”。

互惠定律，简单来说就是，你怎样对待别人，别人就会怎样对待你。一段好的人际关系，一定是彼此互惠互利的，只知道索取不知道回报的人，是不会赢得他人的喜欢的。

小东初入职场，对业务不是很熟悉，于是热心肠的小刘主动帮助他，还给他讲解了工作中的一些注意事项。有了小刘的帮助，小东顺利地通过了实习期。转正之后，小东在工作中遇到的问题，也基本都是找小刘解决的。

于是，两个人渐渐熟络起来。有时候下班了还会一起吃饭，小刘看他初入职场也没什么钱，所以，每次都是他主动买单。对此，小东也欣然接受。

有一次，小刘家里突然出了点事情，想让小东帮忙处理下工作中的事情，没想到小东却以工作忙为由拒绝了他。小刘因为这件事被老板责骂，差点儿被解雇。即便是这样，小刘也没有数落他一句。但让他心寒的是，第二天有几个同事告诉他，那天他给小东打电话的时候，小东正好在饭店里吃烧烤，还主动请客，看起来一点儿也不像没钱的样子。

在那之后，两人的关系就渐渐地疏远了。

小刘主动帮助小东解决在工作中遇到的问题，还经常请他吃饭，但不曾想，在最需要他的时候，小东可以很果断地拒绝。只知道索取而不愿付出的人，是不值得交往的，因为他不懂得“互惠”的道理。

你付出得越多，他索取得越多，而且还对你的好不以为然，甚至觉得这是你应该做的，倘若哪一天你对他不好了，还会反咬一口，这样的人最可怕。

爱默生曾说过：“人生最美丽的补偿之一，就是人们真诚地帮助别人之后，同时也帮助了自己。”伸出你的手去援助别人，而不是伸出你的脚去绊倒他们。一个与人为善一心做事的人也许会流一些血，但胜利最终会属于他的。

有这样一个故事：

曾经有两位旅行者相约一起登山，但由于天气恶劣，他们不得不改变路径，选择了一座比较平坦的山峰，但是这座山他们都没有爬过，对于一些潜在的风险，他们还是难以预测的。

果不其然，他们越往上走，天气越寒冷，而且还有厚厚的积雪。为了节省热能，两个人只好默默不语地往前走。

半路上，他们看见雪地里有一个老人，身体已经被冻僵了，但是还有生命迹象。其中一位同伴说：“他看起来很可怜，我们带他一起走吧。”没想到却遭到了拒绝，“像这种恶劣的天气，我们都自身难保了，还顾得了他，如果你坚持要带他走，我是不会帮你的。”他只好一个人背着老人走，而他的同伴嫌他走得太慢，便独自离去了。

大约过了几个小时，老人醒了，而他全身也被汗水浸湿，原来是自己的体温让老人慢慢恢复了知觉。两人将彼此的体温当成暖炉相互取暖，就此忘却了寒冷的天气。

接近傍晚的时候，他看见远处有一个村庄，高兴地和背上的老人说：“我们得救了。”但是走到村子口的时候，聚集了一大群人，好像在议论什么。他往人群中一看，原来是当初只顾自己活命，先行离开的那个同伴，因为天气太冷，冻死在了距离村子只有几步之遥的雪地里。

帮助别人就是帮助自己。虽然这是一句老生常谈的话，但深刻地揭示了人际关系的“核心秘密”。你付出别人所需要的，他们也会相对给予你所需要的。这既是心理学的互惠关系定律，更是通往成功之路的路标。

想要拥有良好的人际关系，首先要存有一颗感激之心，时时对自己的现状心存感激，同时也要对别人为你所做的一切怀有敬意和感激之情，及时地回报别人的善意且不嫉妒他人的成功，不仅会赢得必要而有力的支持，而且还可以避免陷入不必要的麻烦。

感恩是一种美德，也是一种教养。你怎样对待别人，别人就会怎样对待你。人际关系就是善意关系，人是三分理智七分感情的动物。生命就像是一种回声。你送出什么它就送回什么，你播种什么就收获什么，你给予什么就得到什么。你帮助的愈多，你得到的也就愈多；而你愈吝啬，也就愈可能一无所得。别人有的事情，你也会有。

不论你是谁，不论你在做什么，如果你寻找最好的方法，想在人生各方面得到最好收获，你就应当从每一个人和每一种情况中，寻找美好的一面，并且把它当作金科玉律，奉行不悖。

第二章

打造好印象，迈过陌生这道坎

说好开场白，陌生人也能一见如故

开场白的态度很重要。真诚的开场白会在无形中拉近彼此之间的距离，而过度的、不适当的寒暄则可能引起对方的反感，拉远彼此间的距离。

在“寒暄”这个词中，“寒”是寒冷的意思，“暄”是温暖的意思，合起来，就是问寒问暖。我们进行谈话的目的是沟通情感，增加双方的交流。初次见面，或朋友很久未见，难免要寒暄几句，以示礼貌和关心。寒暄是交谈的润滑剂，它能在两个人的谈话之间架起一座友谊的桥梁是人际交往中必不可少的一部分。

有时候，我们与人见面，往往陷入无话可说的尴尬场面。这时我们不妨以一些寒暄语为开头，比如“天气似乎热了点”“最近忙些什么呢”等。虽然这些开场白大部分并不重要，然而，正是这些话才使初次见面者免于尴尬的境地。

以下几种方式可供参考：可以从天气说起。愉悦的态度会给他人留下良好的第一印象，从天气谈起容易拉近两人的距离；可以询问对方的工作进展、身体状况等。例如：这一阵工作忙吗？快毕业了吧？还可以从对方的行为谈起。例如：看到对方下班，可以问一句："下班啦？"

开场白可以视作是交谈的准备活动，作为"暖场"出现。准备的开场白可以帮助我们拉近彼此间的距离。而且话语不宜过长，创造出交流的气氛即可。在开场白中，我们一定要避免过度的寒暄，以免对方因过多的客套话而觉得你对他不真诚，从而拉大与你的距离。

那么，怎样的开场白才能产生积极的效果呢？可视具体的交谈对象和交谈环境而定。大致归纳为以下几点：

1. 要保持积极姿态

在与别人相遇的瞬间，要迅速培养自己的愉快情绪，要争取主动，充分体现自己的良好愿望和真诚态度，要使对方感觉到你的问候是发自内心的，要使对方从你的言行反应中感觉到自己的存在，使其受人尊重的心理需要得到完全满足。同时，积极的姿态也是富有自信、易于合作的外在体现，这有利于融洽人际关系。交谈时语调要和缓、声音要洪亮，要面带微笑。

2. 注意力要集中

与人第一次见面进行寒暄时，还要集中注意力，任何漫不经心的言行都会使对方感到被人轻视。

小刘与小乔是机关里同一科室的同事。一天，小乔夫妇逛商场巧遇小刘，小乔把丈夫小张介绍给小刘。短暂的握手介绍后，小刘本来想再谈几句以表示自己的友好态度，可小乔的丈夫却左顾右盼同小乔谈些闲话，将小刘“晾”在了一边。这使小刘感到很尴尬，心中很不愉快，觉得小张实在太没礼貌了，一下对小张失去了好感。假如小张在握手之后，再继续同小刘聊几句，小刘就不会有这种想法产生了。

3. 内容要适当

与陌生人见面后的 4 分钟内，最好作一般性的寒暄（如问候、互通姓名），谈论一些无关紧要的话题，应绝对避免使对方感到尴尬、触及对方隐痛、引发对方不愉快的回忆及易于引起争议的话题，也不可漫无边际。

小宁最近刚刚离婚，情绪很低落，下班途中遇到了同事小丽和她丈夫。小丽的丈夫在小丽介绍完小宁后脱口说道：“啊，你就是刚刚离婚的那个啊，这么好的人怎么你丈夫不珍惜呢？”本来小丽的丈夫是想夸奖小宁，但初次见面就触及痛处，让对方尴尬。

开场白的内容还要根据对方的心情而定。比如对方家里刚发生不愉快的事，你从其面部表情上就可以分析出来，因此，在此时开场白，声音就不要太大，语言不要太热情，要低八度，或用询问式的语言，同时用安慰的语气来招呼。如果对方脸上喜气洋洋，你便可热情地开场，使对方感到温暖，进而展开话题。

男士和女士见面打招呼，语言可热情一些，但要适度，不能过分开玩笑，使对方感到你太轻薄。

开场白的长短、内容的繁简、往复的次数多少要与交谈双方关系的亲密程度成正比。

4. 要注意场合、时间、季节

如果在公众场合经介绍结识新朋友，应有礼貌地问候，注意不要打扰周围的人，避免大声喧哗。过于夸张，大呼小叫，是一种无礼行为。此外，在比较正式的场合，言行举止不宜过于随便，更要注意不要用“口头语”。

在图书馆里，大家都在看书，室内很安静，有两个女青年一同走进来，迎面遇到了另一位女士，介绍结束，只听一位女士高声说：“哈，原来她经常念叨的兰子就是你呀，今天才认识，你可真漂亮啊！”周围的人大都皱着眉头，投去厌恶的目光。可见这样的寒暄是多么不合适。

开场白还要因地而异，不能千篇一律，只要稍加留意周围的环境，就可即兴发挥。如在校园，可以说：“您是去上课吗？”“下课了？”在书店可以说：“您也来买书吗？”

还可从季节的角度来确定开场白的内容，如“天很凉，感觉到冷吗？”“您好，外面很冷吧！”这样的说话方式让初次见面的人感到热情、亲切、温暖。与众多陌生人打交道，不要只看着一位，而应面带微笑，眼睛环视大家，应带“你们”“两（几）位”的字样，以免冷落其他人。

总之，初次见面，开场白既要热情亲切，又不宜阿谀奉承，要做到温和有礼。这样，才能使对方乐于接近你，从而产生与你交往的愿望。

守时，社交礼仪中最基本的礼貌

一位朋友向王总推荐了一位印刷公司老板。这位老板知道王总的公司在印刷方面花不少钱，想争取王总的生意。他带来了精美的样本、仔细考虑的价钱报表。王总有礼貌地坐着，在印刷公司老板未来到之前，就已决定不把生意交给他，因为这个老板迟到了20分钟才来。

准时对王总公司的印刷品是十分关键的。王总公司产品的印刷部件星期三送到，星期四装订，星期五发送到王总下星期出席的座谈会地点，迟一天就像迟一年那么糟糕。王总的公司可能要十多位工人在既定的一天将推销信、小册子、订货单叠好塞进信封，如果印刷品没运到，什么事情都干不成。所以，当那位印刷公司老板第一次见面就不能准时，王总就推断出这位老板没有礼貌，也不能指望他能把他的工作干好。

当你展示给别人的形象是拖拉、不守时的时候，别人还愿意与你合作吗？办事准时、守时是最基本的礼貌，也是获得别人信任的手段。随着社会节奏不断加快，现代人的时间观念也越来越强。

在职场中，公司的规章制度首先体现在要求员工遵守工作时间上。上班伊始，你如果不能严格遵守上下班时间，必然会给人一种极坏的印象，给人一种你责任心不强的感觉；特别是由于你的时间观念不强而影响到他人的工作时，那将是不可原谅的。

恪守时间是工作的灵魂和精髓所在，同时也代表了明智与信用。不把时间精确到分秒，就会造成麻烦。

不守时，就无从树立自己的信誉。没人愿意信任一个连时间都保证不了的人，也不会有人愿意同拖拖拉拉、效率低下的合作伙伴做生意。所以，要建立自己的信誉，就首先要遵守时间的约束，养成遵守时间、从不拖延的习惯。做事情从不拖延是使人信任的前提，会给人带来美好的名声。遵守时间的人一般都不会失言或违约，都是可靠和值得信赖的。

尊重别人的时间是对别人的一种礼貌和友好，因为有的时候即使是一分钟对别人也是弥足珍贵的。

约会准时是我们最常遇到的诚信问题之一。每逢节假日，朋友约好了出去是常事。事先我们都会定好时间和地点，可是到了时间后，总会有人迟到甚至不去。“路上堵车”“起晚了”“自行车坏了”……迟到者总是有千万条理由——搪塞焦急等待着他们的人。更有甚者，参加活动的多数人都已到达，某君却迟迟不露面，一个多小时过去了，该君来电话宣称自己“不想去了”，苦等半天的众人此刻的兴致已经扫去了不少。若是又有几人也“不想去了”，精心准备的活动也许就此泡汤。这种不守时的人会给别人留下极差的印象，以后再有约会，恐怕也没人请他们去了。

保持好形象，成功机会多

尽管人们常说“人不可貌相，海水不可斗量，以貌取人，贻误大事”，但社会上的一些人却经常会根据你的服饰、发型、手势、声调、语言等自我表达方式来判断你。无论你愿意与否，都会留给别人一个关于你形象的印象。

爱美是人的天性，无论在哪种文化背景中，漂亮的人总是容易被人喜欢，总是更容易促进其人际关系的发展。所以，外貌对于人际吸引的极大影响力，已经是不言而喻了，尤其是和陌生人初次打交道更是显得重要。

亚里士多德曾经说过："美丽比一封介绍信更具有推荐力。"有研究表明，长相好看的人比相貌平平的人挣的钱更多，拥有的工作更让人羡慕，而相貌平平的人比相貌丑陋的人又会好一些。

对加拿大人做的一项调查发现，好看的人比丑陋的人挣的钱要多 75%。同样的背景下，对管理职位的申请，漂亮的申请者比相貌平平的申请者赢得的职位级别要高。还有一项研究发现，在西点军校，相貌英俊的学员毕业时被授予更高的军衔。

有心理学家曾做过一个实验：

让一组被试阅读附有作者照片的文章，文章有的水平高、有的水平低，作者有的漂亮、有的不漂亮；让另一组的人只看第一组看过的文章，但没有附作者的照片。看完后让两组的被试评价文章水平的高低。

结果发现，第一组被试对漂亮作者的文章评价分数要高于对不漂亮作者的文章评价，但是第二组被试则是根据文章的真实水平做出了比较客观的评价。

西方学者的研究发现，法官在"执法如山"的法庭上给犯人判刑时，也很难逃脱这种外貌"晕轮效应"的影响，有时判决的结果令人震惊不安：对于罪行相同的盗窃犯，外貌漂亮的平均被判刑 2.8 年，不漂亮的平均被判刑 5.2 年。不过，对于诈骗犯判刑的情况却不是如此。似乎法官们认为，越漂亮的诈骗犯越危险，越应该重判。

上面的例子都说明，外貌对于一个人在人际交往中能否给别人好感，能否吸引别人，起了举足轻重的作用。

在人际交往中，我们一定要保持良好的仪表，注意你的装扮，讲究你的衣着，这样才能增加人际吸引力。

佛要金装人要衣装，服饰就是你的名片

一个人出席什么样的场合，就要穿与场合相配的衣服。否则，与场合格格不入，闹笑话是其次，关键会影响形象。

以下是适合现代女性的穿衣哲学，只要在个人形象上多花点心思，你就能成为社交场合中最抢眼的风景线。

1. 切忌裙子太短

既想要大方得体，又要优雅美丽，不妨从裙长开始。合适的裙长表达了一位女士品位、见识和对国际惯例的了解。那些优雅的女士，裙长通常都在膝盖上下，尤其在职场中，最短也不会短于膝盖以上两指。

2. 不要打扮得过于隆重

比如你收到一个小型沙龙邀请函，却身着参加晚宴的拖地晚礼服，很显然，你的打扮过于隆重了，也会显得与场合格格不入。

优雅得体的着装，是场合、品位、身份、审美的体现，有心机的女士可能会花一天时间斟酌如何配色，如何精心装扮自己，而在面对赞美的时候，却说只是随便穿了两件就出门了。

3. 衣服和鞋也要轮岗

不同场合的包可以各准备一只，不同场合的鞋和衣服却不能

各备一种。因为衣服、鞋的磨损远远大于包，多备一些轮流穿，让鞋和包也能得到休息，这是最好的保养方法。

4. 别轻易尝试混搭

“混搭”是一个时尚界的专用名词，指将不同风格、不同材质的单品，按照个人喜好拼凑在一起，从而混合搭配出完全个人化的风格，说简单点就是不要规规矩矩。

这种时髦绝对不等同于胡穿乱配，看似混乱的搭配，其实有着一定的章法，要想“混搭”出别致的美其实不是一件容易的事。所以，如果您没有高超的搭配本领，建议不要尝试“混搭”的风格。尤其是第一次与陌生人见面，那种“帽衫＋西装”的穿法永远别尝试。

5. 全身别超过三种颜色

如果想彰显气场和高级感，大色块的服装应该在衣橱中占主导地位。在搭配时，建议全身上下不超过三个颜色，有相呼应的元素会让你的着装看起来更协调。

6. 不一定非要追赶潮流

有品味、有风格并不是一味赶时髦、追潮流，尤其是一些白领女性在外出应酬时，您的形象就代表公司的形象，您的审美就代表公司的品位。最高级的时尚和品味永远是“永不过时的”。

不一味追逐潮流，但还是需要了解潮流动态及走向的，然后合理利用它，您的着装才能体现“与时俱进”。比如流行色并不适合您的肤色，那就在与自己肤色相称的着装上搭配一点儿含流行色的饰物，可以是丝巾、墨镜、帽子等，也可以是项链、手镯等，有时候画龙点睛的穿法要比大面积运用更能成就经典。

7. 鞋和包一个颜色永不会出错

如果您还没有炉火纯青的搭配技巧，那么就从统一包和鞋的颜色开始，这一点在任何社交场合都不会出错。

站不失礼，坐不失仪，行要从容

站姿、坐姿和走姿都是个人形象中很重要的方面。

站姿是工作和日常交际中最引人注目的姿势，它是仪态美的起点；坐姿则是一个人静态美的体现；而潇洒优美的走姿是人动态美中最具魅力的行为，也能衬托出人的气质和风度。

站立的基本要求是挺直舒展、线条优美、精神焕发。其具体要求如下：

（1）头要正，头顶要平，双目平视，微收下颌，面带微笑，动作平和自然。

（2）脖颈挺拔，双肩舒展，保持水平并稍微下沉。

（3）两臂自然下垂，手指自然弯曲。

（4）身躯直立，身体重心在两脚之间。

（5）挺胸、收腹、立腰，臀部肌肉收紧，重心有向上升的感觉。

（6）双腿直立。女士双膝和双脚要靠紧，男士两脚间可稍分开点距离，但不宜超过肩宽。

女士工作中的站姿——双脚可调整成“V”字形或“T”字形，右手搭在左手上，贴在腹部；男士工作中的站姿——双脚平行，也可调成“V”字形，双手下垂于身体两侧，也可将手放于背后，贴在臀部。

需要强调的是，在工作中站姿一定要合乎规范，特别是在隆重的场合下，站立一定要严格按照要求做。站累时，单腿可以后撤半脚的长度，身体重心可前后移动，但双腿必须保持直立。

再来说一说坐姿，什么样的坐姿才最得体优雅呢？一般而言，分为以下几种：

1. 自然坐姿

平时坐在椅子上，身体可以轻轻贴靠于椅背，背部自然伸直，腹部自然收紧，两脚并拢，两膝相靠，大腿和臀部用力产生紧张感。与客人谈话时不妨坐得深一些，然后背部保持直立，膝盖并拢，这会使你显得优雅而又从容。

很多人坐下来的时候喜欢将脚架起来，在社交场合，这一般被认为是不礼貌的坐法。如果是积习难改，那一定要注意架腿方式：女士要收拢裙口，遮掩到膝盖以下部位；支撑的脚不要倾斜，双腿内侧靠近，大腿外侧收紧；双手自然搭在腿上。这样显得美观，能产生自然的美腿效应。

2. 正式坐姿

膝盖与脚跟都并拢，背脊伸直，头部摆正，视线向着对方。这种坐姿可用于面谈之类的正式场合，可给予对方诚恳的印象。但也不要双膝并得太紧，一动不动，这会让人产生一种紧张感、不安全感。

3. 坐沙发的坐姿

一般沙发椅较宽大，不要坐得太靠里，可以将左腿跷在右腿上，两小腿相靠，显得高贵大方。但不宜跷得过高，女性不能露出衬裙，否则有损美观与风度。也可双腿并拢，双膝紧靠，然后将膝盖偏向与你谈话的人。偏的角度视沙发高低而定，但以大腿和上半身构成直角为原则，以表现女性轻盈、秀气的阴柔之美。

什么样的走姿才会让他人觉得优美呢？一般来说，走路的姿态美不美是由三个方面决定的，即步幅、步位和步韵。如果步位和步幅不合标准，那么全身摆动的姿态就失去了协调的韵味，也就无所谓步韵效果了。

所谓步幅，是指行走时两脚间的距离。步幅标准应是由个人的身高、当时着装的限制、所穿的鞋子及男女性别所决定的。男性当然是大步流星，步幅在 30 厘米以上；女子若穿旗袍、高跟鞋或穿裙子，则应小步快走，轻盈而频率快，若是着裤装，可走得步幅稍大，平稳而潇洒。

所谓步位，就是脚落地时应放置的位置。男子走路的步位应是脚既不外撇也不内向，平行直行向前，走出的是两条平行线，显得阳刚有力，朝气十足。女性应避免“X”或“O”形腿，两腿从大腿到小腿向内夹紧，腿部肌肉绷紧，脚后跟踩在一条直线上，脚尖微微朝外，步伐显得修长而挺拔。

所谓步韵，就是走路时特有的韵味，即风度。有些人走路轻松自然，富有节律感，不僵硬、不做作、不难看，让人觉得如行云流水般舒畅自如。有些人走路的姿势就不好看，步履沉重，拖沓而有下坠感，东摇西晃，这些不良走姿都会使个人形象大打折扣。

那么，怎样才能走出美感呢？下面就介绍一下走路时应注意的事项：

（1）走路时，抬头挺胸，步履轻盈，目光前视，步幅和步位合乎标准。

（2）行走时，双手在两侧自然摆动，身体随节律而自然摆动，切忌摇头扭腰。

（3）走路时膝盖和脚踝轻松自如，配合协调，以免显得浑身僵硬，同时忌走外八字或内八字。

（4）行走时不低头后仰或扭动肩部、胯部，或两手乱甩。

（5）多人一起行走时，应避免排成横队，勾肩搭背、边走边说、推来搡去。若是有急事要超过前面的人，应打招呼，超过后回头致谢。

（6）步幅和步位配合协调，甚至与呼吸形成规律。穿礼服、长裙、筒裙则步伐典雅温婉，轻盈有致；穿休闲、运动裤装，则步伐迅捷活泼，弹性而富朝气。

（7）男性不要在行走时抽香烟，更不可以乱扔烟蒂；女性不在行走时吃东西。即使走路时也要注意自己的风度和形象。

（8）女性在行走时，还应特别注意腿部线条的流畅和紧张感，没有抽紧肌肉和稍具紧张感的双腿，走出来的步子一定是沉重、下坠、拖沓的。收腹、夹臀、提气的女性步态，是轻快而富有节奏的。

（9）女性在行走时，还应养成两腿挺直向内夹紧的习惯，以避免损坏女性腿部的整体线条。

优雅大方的站姿、坐姿和走姿是一个人礼仪修养的重要表现，也是一个人气质的重要呈现，我们绝不能忽视了这几个方面的细节。

提升自我魅力三要则

礼节是指与人交往中一些众所周知的基本行为动作。而礼仪的内涵相对来说要广泛一些，想打造魅力四射的形象，除了要掌握基本的礼节外，还应注意以下这些细节，从而成就自己的完美形象。

1. 饱满的精神状态

愁眉苦脸、心事重重的样子在社交场合是不受欢迎的；萎靡不振、无精打采，别人会感到兴味索然，不愿与你交往。但若是精力充沛、神采奕奕，就能使对方感到你富有活力，交往气氛自然就活跃了。

2. 诚恳的待人态度

端庄而不矜持冷漠，谦逊而不矫揉造作，就会使人感到你诚恳而坦率，交往兴趣也随之变浓。但如果你说话支支吾吾、躲躲闪闪，别人会感觉你缺乏诚意，从此疏远你。

3. 避免没有教养的行为

一个人若想在各种社交场合上给人留下美好印象，就一定要注意风度与仪态，要做到以下几点。

（1）不要耳语。在众目睽睽下与同伴耳语是很不礼貌的事。耳语可被视为不信任在场人士所采取的防范措施，要是你在社交场合老是耳语，不仅会引起别人的注视，而且会令别人对你的教养表示怀疑。

（2）不要说长道短。经常吐槽的人肯定不是有风度教养的人。在社交场合说长道短、揭人隐私，势必会惹人反感。再者，这种场合的“听众”虽是陌生人居多，但所谓“坏事传千里”，只怕你不礼貌、不道德的形象从此传扬开去，别人自然对你“敬而远之”。

（3）不要闭口不言。面对初相识的陌生人，也可以由交谈几句无关紧要的话开始，等引起对方谈话的兴趣时，你便可以自然地谈笑风生。如果老是坐着闭口不语，一脸肃穆的表情，便与欢愉的宴会气氛格格不入了。

（4）不要失声大笑。不管你听到什么“惊天动地”的趣事，在社交场合中都要保持仪态，顶多一个灿烂笑容即止，不然就要贻笑大方了。

（5）不要滔滔不绝。在社交场合中，若有人与你攀谈，落落大方的态度是最好的，简单回答几句即可。切忌忙不迭向人“报告”自己的身世，或向对方详加打探，那样会把人家吓跑，认为你“居心不良”或“太八卦”了。

（6）不要扭捏作态。在社交场合，假如发觉有人常常注视你，你也要表现得从容镇静。若对方是从前跟你有过一面之缘的人，你可以自然地跟他打个招呼，但不可过分热情或过分冷淡，免得影响风度；若对方跟你素未谋面，你也不要太过于扭捏作态，又或怒视对方，有技巧地离开他的视线范围即可。

（7）不要大煞风景。参加社交活动，别人都期望见到一张张笑脸，因此纵然你内心有什么悲伤或情绪低落，表面上无论如何都应表现出笑容可掬的亲切态度。

你的一切言行举止都在反映你的修养与素质，所以，当你在公众场合时，一定要注意自己的言行举止，让他人被你的魅力所折服，进而喜欢上你。

握手，从掌心开始的交流

握手礼已成为世界性的“见面礼”，社交活动中，人与人之间需要经常握手。虽然这一动作很简单，却有着很多忌讳，因此，在平时要多了解一些握手方面的知识，避免同别人握手的时候闹出笑话来。

1. 握手礼仪有哪些忌讳

（1）和女士握手时，如果女士不主动，最好还是不要先把手伸出来。因为对方不先伸手，说明她和你不熟，或没有好感，又或者是她认为没有握手的必要，而你如果伸出手，可能会引起她的反感。

（2）晚辈对长辈、下级对上级时的握手，也要等长辈、上级主动伸时才可以去握手，在握手的时候最好能微微躬身，以示对对方的尊重。

（3）握手的时候一定要使用右手和别人握手，特别是和外国人握手的时候尤其应该注意这个，因为外国人都认为左手不吉利，而你用左手和他握的话，会被看成是对他的侮辱或挑衅，因此应该注意这个问题。

（4）在和别人握手之前，要确保自己的手是干净的。如果手上有水或汗，应该先将手擦干净，这样才不会引起别人的反感。

（5）我们在看一些访谈类的节目时，会发现握手双方都是站着的，即便一开始是坐着的，但是一旦握手时都会先站起来，再和别人握手。因为如果你坐着和别人握手，会让别人认为你很傲慢，对你的印象就会很差，所以当你和别人握手的时候一定要站起来，以示对他的尊重。

2. 握手的礼仪要求

（1）先后顺序：通常年长（尊）者、女士、职位高者、上级、老师先伸手，然后年轻者、男士、职位低者、下级、学生及时呼应；来访时，主人先伸手，以表示热烈欢迎；告辞时，待客人先伸手后，主人再伸手与之相握，这样才合乎礼仪，否则会有逐客之嫌；朋友和平辈之间，谁先伸手可不计较，一般谁先伸手，谁就被视为有礼貌。

（2）握手时间：握手时间控制的原则可根据握手的亲密程度掌握。初次见面者，握一两下即可，一般应控制在 3 秒钟之内，切忌握住异性的手久久不松开。握住同性的手的时间也不宜过长。

（3）握手的力度：和别人握手的力度问题，以不将对方的手握疼为前提。有人用力过猛，握得对方龇牙咧嘴，会有故意示威之嫌，当然完全不用力或柔软无力地将手握在对方的手上，给人的感觉是这个人缺乏热忱，没有朝气。

3. 其他注意事项

（1）握手时切忌左顾右盼，心不在焉，目光寻找第三者，而冷落对方。

（2）与客人见面或告辞时，不能跨门槛握手，要么进屋，要么在门外。

（3）伸出右手与对方相握时，左手应自然下垂，不能插在口袋里。

微笑，一个人最好的通行证

雨果曾经说过："有一种东西，比我们的面貌更像我们，那便是我们的表情；还有另外一种东西，比表情更像我们，那便是我们的微笑。"

笑是人类的特权，是自信的标志，也是礼貌的象征。笑在社交中能发挥极大作用，无论在家里、办公室，甚至遇见朋友，只要你不吝惜微笑，立刻就会带来你意想不到的良好效果。

许光耀是一位基金经理，本就内向深沉的他，在工作的重压下性格愈发孤僻。最近几年来，他一直板着脸，很少微笑，在面对客户的时候虽然竭力保持亲和，但他那时刻紧皱的眉头，给整张脸增添了几分严肃。许光耀失去了很多次与客户合作的机会，也失去了结识更多朋友的机会，许光耀因此苦恼不已。

许光耀听别人说起了微笑的神奇魅力，他决定亲自尝试。这一天早上，他对着镜中苦着脸的自己说："记住，一定要改变，一定要微笑。”于是，他带着微笑去见了一位最近令他颇为头疼的客户谈生意。许光耀发现，对方的态度也变得亲切起来，而这次谈判也异常顺利。几次合作后他和这位客户成为了朋友。

后来，许光耀和那位客户谈起这件事，客户说，以前很难在他的脸上发现笑容，这让人很不舒服，感到不容易接近，而那次他竟然满脸微笑，这让他激动不已。客户说许光耀面带微笑的时候让他感到了温暖。

在社交场合，要时刻记住保持微笑，它就是你身上最好的名片。

1. 微笑是吸引他人的“磁石”

社交中，人们总是喜欢和个性开朗的对象交往。一个优秀的主持人、公关、售货员、企业领导人，他们深受人们喜欢的奥秘，就在于他们具有动人的微笑。

2. 微笑是融洽气氛的“润滑剂”

当客人来访或是你走入一个陌生的环境中时，由于陌生或羞涩，往往会端坐不语、拘谨不安。此时，一个笑容就能消除戒备和陌生，相互产生良好的信任感和亲近感。

3. 微笑是巧妙回绝的“借口”

当别人有求于你时，往往都怀着不安的心理。此时一个笑容既能缓和紧张的情绪，免使对方难堪，又能免去言语不周而导致的麻烦，取得“此时无声胜有声”之效。而且还能为你赢得思考时间，借以找到巧妙的处理方法。

4. 微笑是以柔克刚的妙招

在日常生活中，我们常常会遇到脾气暴躁、极度刻薄的人，这时真诚含蓄的笑容，往往比口若悬河更珍贵。面对别人的胡搅蛮缠、粗暴无礼，只要你微笑并保持冷静，就能稳控局面，摆脱窘境。

5. 微笑是跨语言的通行证

当你进入一个新环境，或一个新团体时，微笑通常可以帮助你化解对方的敌意，可以为你传递出善意与活力的信息，可以让你迅速地与新环境、新团体打成一片，它是一种跨民族、跨语言、跨文化的共同通行证。

需要记住的，你的微笑要发自内心，并且是充满活力的。陌生的社交场合中，没有人会冷下脸去拒绝一个对自己热情友好的人。在彼此的笑容里，隔阂会消融，取而代之的将会是关怀和热情，最后打开沟通的大门，由陌生变成熟悉，慢慢地变成朋友。而此时，你的社交人脉就随之打开了。

第三章

提升表达力，跟谁都能聊得来

用共同话题打破交谈瓶颈

人与人沟通，很难在一开始就产生共鸣。当我们在做开场白时，为了说服别人，最好从对方的兴趣和精力上找到双方的共同点，并从这上面展开话题。在谈话的过程中，如果能够找到双方兴趣的共同点，那么你就会打破交谈的“瓶颈”，使得交谈更顺利地进行下去。

一个人的心理状态、精神追求、生活爱好等，或多或少都会在他们的表情、服饰、谈吐、举止等方面有所表现，只要你善于观察，就会发现双方的共同点。

一位退伍军人乘车时同另一个陌生人相遇，位置正好在驾驶员后面。不巧的是，汽车上路后不久就抛锚了，驾驶员车上车下忙了一通还没有修好。这位陌生人建议驾驶员把油路再检查一遍，驾驶员将信将疑地去查了一遍，果然找到了故障原因。这位退伍军人感到他的这个绝活可能是从部队学来的，于是试探道："你在部队待过吧？"

"嗯，待了六七年。"

"看来咱俩还算是战友呢。你当兵时部队在哪里？"

……

这一对陌生人就此话题谈了起来，后来他们还成了朋友。

这就是在观察对方后，发现彼此都当过兵这个共同点，从而成功交流的案例。当然，通过察言观色发现的东西，还要同自己的兴趣爱好相结合。否则，即使发现了共同点，也还是无话可说。

用共同话题打破交谈瓶颈，用对方工作上的术语与之交流，让对方感觉你们志趣相投，迎合对方的喜好……这些都不是为了讨好，而是促使你与对方之间的沟通更加顺畅而已。

人与人沟通，很难在一开始就产生共鸣。当我们在做开场白时，为了说服别人，最好从对方的兴趣和精力上找到双方的共同点，并从这方面展开话题。

一帆很热爱足球，他希望能成为一名职业足球运动员，并期待得到家人的帮助和支持。不过却遭到了父亲的反对。一帆问父亲："我想问您一件事，为什么您选择和我妈妈结婚呢？"

"因为我爱她啊！"父亲平静地说。

一帆又问："那您有没有想过娶别的女人？"

"当然没有，我只钟情于你母亲，怎么会看上别的女人呢？

她年轻时可是非常漂亮的女子。”

一帆继续说：“您说得一点儿也没错，母亲现在依然风韵犹存，您不曾想过娶别的女人，因为您爱的就是她。您知道，我现在也面临着同样的处境。除了足球以外，我不想选择别的职业，因为我喜爱的就是足球。别的学科对我而言毫无吸引力。我对足球的爱，正如您对我母亲一直以来的倾慕。”

一帆的父亲一直反对他从事体育行业，并阻挠他实现足球之梦。而一帆就是用了这种与父亲找共同感受的方式，做了说服父亲的开场白，并通过自己的努力，让父亲设身处地，理解自己的态度和想法，最终成功说服了父亲。

善用幽默，沟通无往不胜

无论我们从事什么性质的工作，无论我们处于什么样的社会地位，我们都需要与人交往。在交往的过程里，创造轻松的交往环境，保持一份能给人带来愉快的力量，会使别人在与你的交往中得到快乐与放松，当他愉快地把从你这儿得到的快乐向其他人宣传时，不仅强化了对你的印象，还会使你在人际交往中受到更多的欢迎与追捧。

幽默就是创造轻松的交往环境的不二法宝。英国著名戏剧家莎士比亚说过：“幽默和风趣是智慧的闪现。”法国作家雷格威更断言：“幽默是比握手更进步的一大文明。”幽默是人与人交际时的润滑剂，有了它的推波助澜，我们可以在人际交往中游刃有余。

素有“巴蜀鬼才”之称的魏明伦到台湾做文化访问时，

与闻名海内外的台湾奇才李敖相见。

李敖："欢迎魏先生，我是李敖。"

许博允（音乐家，李、魏会面的牵线人）："你们两位都是鬼才，这次会面，真可说是'鬼'撞'鬼'了，哈哈。"

魏明伦："不敢当不敢当，李敖先生是大巫，我是小巫，今天是小巫见大巫。"

李敖："巫山在四川，魏先生从四川来，大巫自当是魏先生。"

许博允打趣李、魏见面是"鬼撞鬼"，而魏明伦更正说是"小巫见大巫"，这样，魏明伦既回应了许博允的打趣，又表达了自谦，可谓一举两得。而李敖出言也相当俏皮，他以魏明伦来自四川的原因，谦称"大巫自当是魏先生"。

语言幽默的人在社交中往往大受欢迎。最能召集朋友的人常常就是很幽默的人。我们都喜欢幽默的人，但并不是每个人都会使用幽默。相反，许多人认为幽默是先天禀赋，后天无法获得。其实，幽默是可以后天获得的。那么，怎样培养自己的幽默细胞，营造愉悦的交谈氛围呢？

1. 领会幽默的真正含义

幽默不是油腔滑调，也非嘲笑或讽刺。正如有位名人所言："浮躁难以幽默，装腔作势难以幽默，钻牛角尖难以幽默，捉襟见肘难以幽默，迟钝笨拙难以幽默，只有从容、平等待人、超脱、游刃有余、聪明透彻，才能幽默。"

2. 观察幽默的人

当我们观察幽默的人时，其实我们是在从他们身上学会幽默的节奏。幽默的人其实都有一种节奏，你可以通过现场观察来学习。你有意识或者无意识地学会了别人的这种模式，就会用一种新的思维方式来替代过去的缺少幽默的方式。我们可以去读马克·吐温的作品，读钱钟书和林语堂的作品，我们也可以尝试着去读那些幽默的名著。俗话说“熟读唐诗三百首，不会作诗也会吟”，当我们熟读幽默大师的作品时，我们自己也会变得幽默了。

3. 扩大知识面

幽默是一种智慧的表现，它必须建立在丰富的知识的基础上。一个人只有具备审时度势的能力、广博的知识，才能做到谈资丰富、妙言成趣，从而做出恰当的比喻。因此，要培养幽默感，必须广泛涉猎，充实自我，不断从浩如烟海的书籍中收集幽默的浪花，从名人趣事的精华中撷取幽默的宝石。

4. 打破常规模式

如果我们总是处于一成不变的环境中，很容易变得审美疲劳，自然也就缺少了很多幽默的活力。如果我们能偶尔改变一下自己的处境，或者是结识一些新的朋友等，我们会发现值得自己高兴的事情有很多。

5. 陶冶情操

乐观对待现实，幽默是一种宽容精神的体现。要善于体谅他人，要使自己学会幽默，就要学会宽容大度，克服斤斤计较，同时还要乐观。乐观与幽默是亲密的朋友，生活中如果多一点趣味和轻松，多一点笑容和游戏，多一份乐观与幽默，那么就没有克服不了的困难，也不会出现整天愁眉苦脸、忧心忡忡的痛苦者。

6. 允许别人对自己开玩笑

很多人缺少幽默感，就是因为自尊心过于强烈，不允许别人对自己开一点点玩笑。有时候朋友之间会因为好玩而相互地“损”一下，如果你因此而大发雷霆，那么大家都会把你当成地雷敬而远之。

7. 培养敏锐的洞察力

提高观察事物的能力，培养机智、敏捷的能力，发现生活的独特之处，是提高幽默的一个重要方面。只有迅速地捕捉事物的本质，以诙谐的语言做出恰当的比喻，才能使人们产生轻松的感觉。当然，在幽默的同时还应注意，重大的原则总是不能马虎，不同问题要不同对待，在处理问题时要极具灵活性，做到幽默而不俗套，使幽默为人们的精神生活提供真正的养料。

8. 多找机会应用

实践出真知，幽默语言的培养也是这样。从书上学来的幽默语言知识，只有经过自己在实践中练习和运用，才能变成自己的东西。而且，在实践中练习和运用幽默语言，也能加深对幽默的理解，丰富幽默知识，这本身也是一种学习，是书本学习的继续和深化。只有多练习、多运用，才能有效提高使用幽默语言的水平。

总之，幽默来源于两个世界，一个是你真诚的内心世界，一个是生活中无处不在的客观世界。当你用智慧把两个世界统一起来，并有足够的技巧和用创造性的新意去在人际交往时营造充满智慧的笑点，你就会发现自己置身于趣味的世界中，人际关系由此更加顺畅起来，成功也就指日可待了。

求同存异，认同与被认同里的玄机

心理学上讲，人往往会因为彼此间相似的秉性或者经历走到一起，在认同和被认同的过程中，慢慢由陌生变得熟悉。

一个严冬的夜晚，两个人初次见面。

对话一：

"今天好冷啊。"

"是啊。"

"……"

"……"

对话二：

"今晚好冷！像我这种南方人，尽管在这里住了几年，但对这种天气还是难以适应，你感觉怎么样？"

"是啊，我父母虽然是北方人，但我也是从小在南方长大的，在这里还是也不适应。"

"你也是南方的？你是南方哪儿的？"

"我来自……"

以上两段对话均来自两个陌生人初次见面的情景。在第一段对话里，两人见面说的第一段话非常普通："天很冷啊""是啊"。从字面上就能判断出双方的聊天能力一般。

第二段对话则不同。第一个人见面就说自己是在南方长大的，对北方这种寒冷的天气很不适应，然后又问对方感觉怎么样。对方虽不是纯正的南方人，但也是在南方长大的，因此，两个人有共同话题，你来我往间，彼此就会越来越融洽。

从第二段的话中可以分析到，尽管见面的两人一个是纯正的南方人，另一个只是从小在南方成长，父母是北方的。两者虽有差异，但主动问话者故意忽略了这种差异，只强调双方的相似性：都在南方有一段成长经历，对北方寒冷的冬季极不适应。因为有了相似的经历，话题才会越来越多。

心理学上讲，人往往会因为彼此间相似的秉性或者经历走到一起，在认同和被认同的过程中，慢慢由陌生变得熟悉。没有人希望与自己对话的那个人是一个和自己没有丝毫相同点的人，那样的话，两人很难有聊得来的话题。甚至，有可能爆发矛盾冲突，这也就是第二段的问话人求同存异的原因。

因为有了相同的地方，第一次见面的两个人才会渐渐有亲切感，慢慢放下戒备的心。除此，消除陌生感的方式还有以下几种：

1. 攀认式

赤壁之战中，鲁肃见诸葛亮的第一句话是："我，子瑜友也。"子瑜，就是诸葛亮的哥哥诸葛瑾，他是鲁肃的挚友。短短的一句话就定下了鲁肃跟诸葛亮之间的交情。

其实，任何两个人，只要彼此留意，就不难发现双方有着这样或那样的"亲""友"关系。例如，"你是××大学毕业生？我也在××进修过两年啊。你还记得××吗？""你来自苏州？我出生在无锡，两地近在咫尺，今天得好好聊聊！走，有没有兴趣喝一杯？”

2. 敬慕式

对初次见面者表示敬重、仰慕，这是热情有礼的表现。用这种方式必须注意：要掌握分寸，恰到好处，不能胡乱吹捧，不要说“久闻大名，如雷贯耳”之类的过头话。表示敬慕的内容也应该因时、因地而异。

头脑博弈，策略性问题揣测端倪

想明白消费者的心意，就要学会用多种途径发掘出对方的真实需求，策略性问题就是方式之一。

尤其是一些销售人员，在向顾客介绍产品的时候，更不能一味按照对方的需求去说。因为对方说出的需求有时并非出于真心或者自愿，这个时候，就需要有心的销售人员用策略性问题打探出他的真实想法，把握住对方的真心，才能提供给他真正需要的产品。

李毅是一家公司的推销员，他在接到一家企业的订购需求后前去拜访，刘小姐接待了他。

李毅：“您好，是您打电话说要订购一台传真机吗？”

刘小姐：“是的，公司需要，所以想要一台。”

李毅：“您需要什么型号的？或者以前用的是什么型号？”

刘小姐：“以前没有用过，这是第一次买，明白我的意思吗？”

李毅：“噢，不好意思，我能问一下您为什么不通过电子邮件等方式发送文件呢？”

刘小姐：“接收公司邮件的公司大部分都是老资格的企

业，他们的经营理念和办事风格虽不能说墨守成规，却也真的有些老旧了，但有什么办法呢？他们是我们的上帝，我们有责任满足对方的需求。而且买传真机的事是经过几个同事商量后得出的结论，买就买吧。”

李毅：“但是，我看得出来，您并不是非常情愿，是更倾向于用电子邮件等方式发送文件吗？”

刘小姐：“谁说不是呢？我也想过了，发传真也不是经常的事，只是有时忙了发一些，接收传真的第一人也不是老板而是文秘。唉，但是没办法，都已经这么定了，你还是给我介绍一下产品的具体情况吧。”

李毅：“刘小姐，既然买传真机的事情不是对方要求您办的，我看也不必非得买。您不妨试试其他的产品？”

刘小姐：“你是指什么？”

李毅拿出一套电脑传真软件说：“这是一套电脑传真软件，它的优势是自动安装，传送文件准确率高，速度快。价钱还非常便宜，您不妨试试这个。”

刘小姐：“哦，是吗？那你给我详细介绍一下吧。”

李毅本以为刘小姐是想订购一台传真机的，但通过交谈得知，对方的真实想法是：我并不十分喜欢传真机，我更倾向于其他新型的传输方法。从这样的想法可以看出：对方需要的只是一种能传文件的工具，传真机只是有些口是心非的表达。

那么，李毅是怎么发现这点的呢？

首先，他就传真机的问题询问刘小姐，发现对方并不十分精通，而且似乎不喜欢回答相关问题，当他询问其他更便捷的传输方式时，刘小姐的精神状态马上好了许多。李毅就马上断定，对方的真实需求跟她刚才的表达有误差，而这种误差如果不去试探性地询问，就不会发现。同时，李毅运用了新、旧两种产品的对比法：传真机并不合适您，电脑传真软件更快捷和便宜，两者一对比，进一步把顾客的真实需求挖掘出来。提供给对方的需求才能真正符合对方的心意。

在产品销售的过程中，最让消费者满意的产品不一定是质量最好、外观最漂亮的，却一定是最合消费者心意的。想明白消费者的心意，就要学会用多种途径发掘出对方的真实需求，策略性问题就是方式之一。

策略性问题不是故意套对方的话，而是为了给其提供最满意的需求而采取的一种问话措施，掌握这种问话方式，就能更主动地把握消费者的心理和销售时的主动权。为对方提供最急需、最合适的产品，他还会拒绝你吗？

顺着人心说话，效果事半功倍

顺着人心说话效果可说是事半功倍。脾气再大、城府再深、主观性再强的人也吃不消这一招。顺着人心说话能让你凭借三寸不烂之舌就征服别人，让别人拜倒在你的语言魅力下。

一般来说，一个人的性格特点往往通过自身的言谈举止、表情等流露出来。快言快语、举止简洁、眼神锐利、情绪易冲动的人，往往是性格急躁的人；直率热情、活泼好动、反应迅速、喜欢交往的人，往往是性格开朗的人；表情细腻、眼神稳定、说话慢条斯理、举止注意分寸的人，往往是性格稳重的人；安静抑郁、不苟言笑、喜欢独处、不善交往的人，往往是性格孤僻的人；口出狂言、自吹自擂、好为人师的人，往往是骄傲自负的人；懂礼貌、讲信义、实事求是、心平气和、尊重别人的人，往往是谦虚谨慎的人。

当我们面对不同性格的谈话对象时，一定要具体分析，区别对待。比如对待傲气十足的人，如果他把面子看得很重而讲究分寸，你不妨从正面恭维入手，让他飘飘然。

不过，这里并不是要你做一个没有“自我”的人，如果你真的如此，那你就成为别人的影子了。“顺着人心”只是方法，而不是目的，你如果能成熟地运用这个方法，别人就会在不知不觉之中受到你的影响，甚至接受你的意志。那么，如何顺着人心呢？

1. 倾听

很多人都有发表欲，如果他在社会上已有一些成就，更有不可抑止的发表欲，当他滔滔不绝的时候，你就做一个倾听者。一则，你的倾听可以满足对方的发表欲，他一满足，对你就不会有恶感；再则，你可在倾听中了解他的个性和观念。然后，你要顺着他的谈话，发出“赞同声”，还可以在恰当的时机提出一些问题让对方说明。如果你这样做了，你便能赢得对方的好感，甚至使对方更加相信你。

2. 不要辩论

如果对方说的话你不能同意，你也不要提出辩驳。即使你们是好朋友，如果你和他的交谈另有目的，也不宜和他辩论，因为有些事情并不能辩得明白，而且很可能越辩越气，最后不欢而散；

如果你辩倒对方，那更有可能造成关系的中断。

3. 称赞

喜欢听赞美之词是人的天性，其实赞美也是一种爱抚。赞美什么呢？你可赞美他的观念、见解、才能、家庭，等等，反正对方引以为荣的事情都可以赞美，这种做法所费不多，效果却非常惊人。

诸葛亮对关羽便采取此法。马超归顺刘备之后，关羽提出要与马超比武。为了避免二虎相斗必有一伤，诸葛亮给关羽写了一封信：我听说关将军想与马超比武。依我看来，马超虽然英勇过人，但只能与翼德并驱争先，怎么能与你美髯公相提并论呢？再说将军担当镇守荆州的重任，如果你离开了造成损失，罪过有多大啊！关羽看了信以后，打消了入川比武的念头。

4. 引导

引导是最重要的方法，如果你一番“顺着人心”的功夫另有目的，尤其需要“引导”这一招。也就是说，你要在对方已经满足时，才把你的意思显现出来，但显现的方式还是要顺着人心，不要让对方感到不快，例如你应该说“我很同意你的观点，不过……”或“你的立场我能了解，可是……”，先站在对方的立场，再提出自己的观点，把对方的意志引到你希望的地方去。这样的方法可以用在平时与人相处，可以用在说服别人，也可以用在带领下属，效果可说是事半功倍。

说话要扬己之长，避己之短

想要抬高自己的身价，说好给自身贴金的话，就要懂得扬长避短的道理，多说一些自己的长处，少说一些自己的短处。

古人云："梅须逊雪三分白，雪却输梅一段香。"在常人的眼睛里，每个人或多或少总会在某方面存在一定的缺陷，就算是伟人也毫不例外：拿破仑矮小、林肯丑陋、罗斯福小儿麻痹，而这些都没有阻挡他们极其辉煌自信的一生。

瑞士银行中国区主席兼总裁李一，在1988年最初去美国迈阿密大学留学时，学的是体育管理专业。他发现那是"富人玩的游戏"，于是在离毕业还有半年时，毅然报考沃顿商学院。

美国沃顿商学院是世界首屈一指的商学院，李一考得并不轻松，前后面试了三次，仍没结果。最后一次面试，他干脆在考场上直截了当地问主考官："如果我没有被录取，最可能的原因是什么？"

"很可能是因为你没有工作经验。在美国，商学院录取的前提条件是要有商务工作经验。"

李一做出的反应不是承认自己的不足，或者是如何改变自己的缺点，而是立刻反驳："按你们的招生材料所说，沃顿作为世界最优秀的商学院，肩负着培养未来商务领袖的重任。但世界各国发展很不平衡，如果按你们现在的做法，商务成熟的国家会招生特别多，像中国这样的发展中国家可能一个也不招，这跟沃顿商学院的办学宗旨是自相矛盾的。"

出人意料的是，李一的反驳得到了主考官的欣赏。面试出来后，招生办主席秘书给李一打了一个电话："主席对你的印象特别好，说你很自信，与众不同。"后来，在当年52个申请该校的学生当中，李一成为唯一被沃顿商学院录取的中国学生。

李一的自信赢得了考官的欣赏，为自己铺垫了人生道路上的一块重要基石，更重要的是，他战胜了自己，他能够扬长避短，主动出击。著名管理学家德鲁克博士曾在1999年的《哈佛商业评论》中发表观点：对于一个集体，需要克服的是"短板定理"；而对于个人，发挥自己的长处，比努力去补齐短板更为重要。

我们都知道田忌赛马的故事，对手的每一匹马都有相对应的绝对优势。但没有关系，不需要补齐短板，只要注重自己能够形成优势的策略，简单地进行以长击短的顺序调整：上等马对中等马，中等马对下等马，下等马对上等马。就能获得完全不同的结局。

其实，每个人都有自己的可取之处。你也许不如同事长得漂亮，但你却有一双灵巧的手，能做出各种可爱的小工艺品；你现在的工资可能没有大学同学的工资高，不过你的发展前途却比他的大；等等。这并不是一种吃不到葡萄就说葡萄酸的心理，因为世界这么大，永远没有绝对的好，只有相对的好，永远没有绝对的失败，而只有相对的成功。

这世界上的路有千万条，但最难找的就是适合自己走的那条路。每一个人都应该努力根据自己的特长来设计自己，量力而行，根据自己的环境、条件、才能、素质、兴趣等确定发展方向。不要埋怨环境与条件，应努力寻找有利条件；不能坐等机会，要自己创造机会；拿出成果来，获得了社会的承认，事情就会好办一些。每个人都应该尽力找到自己的最佳位置，找准属于自己的人生跑道。当你事业受挫了，不必灰心，也不必丧气，相信坚强的信念定能点亮成功的灯盏。

每个人都有自己的特质和特长，所以不要怀疑自己，更不要轻易地否定自己。认清你自己的优势与弱点，如果你身上有暂时或是永远无法补齐的“短板”，那么不如去吸引别人注意到你身上其他的闪光之处。每个人都有自己的发光点，只要你善于利用，就能扬长避短，形成制胜的优势。

怎样安慰遇到不幸的朋友

人生的道路不平坦，逆境常多于顺境。面对不幸，当事者不仅本人需要坚强起来，也迫切需要别人的安慰。人是社会的、合群的和有感情的高等动物。痛苦再加孤寂，痛苦倍增；痛苦有人分担，痛苦减半。

俗话说“患难见真情”，能给不幸者以温暖、光明和力量，给予不幸者暖心的安慰，是为人处世的一种美德；当朋友遭到不幸时，及时送上真诚的安慰，更是你应尽的责任。

在探望身患重病的朋友时，你不必过多谈论病情。有关的医疗知识，医生已有所交代和说明，无须你再多言。如果对方本来就背着重病的精神包袱，你再谈及过多，势必包袱加重。你应该多谈谈病人关心、感兴趣的事，以转移对方的注意力，减轻精神负担。如能尽量多谈点与对方有关的喜事、好消息，使他精神愉快，更有利于早日康复。医生送去治疗身体的良药，挚友送去温暖人心的情感都是根治重病必不可少的。

对于因生理缺陷或因出身、门第被人歧视的朋友，由于不幸的原因有些是先天的，并非全是人为的，你劝慰他时应多讲些有类似情况的名人的成功事迹，鼓励他不要向命运屈服，争取人生的幸福，实现人生的价值。

在安慰丧失亲人的朋友时，不要急于劝阻对方的恸哭。强烈的悲痛如巨石积压在心头，愈久愈重，不吐不快，让其宣泄释放出来，反而如释重负，有利于较快恢复心理平衡和平静的状态。你应当注意倾听对方的回忆、哭诉，并多谈谈死者生前的优点、贡献，人们对他的敬仰、怀念。死者的生命价值越高，其亲属就越感宽慰。

对于胸怀大志而又在事业上屡遭挫折、失败的朋友，最需要的是你对其强烈的事业心的充分理解、支持。对于他们，理解应多于抚慰，鼓励应多于同情，怜悯是变相的侮辱，敬慕是志同道合的表现。你不必劝慰对方忘掉忧愁、痛苦，更休想说服对方随波逐流，放弃他的理想追求。最好的安慰，是帮助对方总结经验教训，分析面临的诸多有利和不利的条件，克服灰心丧气的情绪，树立必胜的信念，并共同探讨到达事业顶峰的光明之路。这就要求你对他所从事的事业有一定的了解。

中华民族是勤劳勇敢又善良、重情义的民族，在我们民族的语言中就有如“比上不足，比下有余”“谋事在人，成事在天”“塞翁失马，焉知非福”“大难不死，必有后福”“失败是成功之母”等专用于安慰、鼓励不幸者的谚语、格言和典故，在民间流传千百年，至今仍然经常被用来安慰不幸者。只要你多加积累，满怀真诚，当朋友身遭不幸时适当表达，将关切送给你的朋友，你的朋友一定感触良多，你们的友情将更加恒久。

锻炼好口才，提高自己的“语商”

巧妙地说好贴金话，其实就是打好圆场。想要事事有个圆满的收场，就得锻炼自己的口才，提高自己的“语商”。

不管做什么事情，我们都渴望能有个圆满的收场，这就需要我们平时多多读书，多多磨炼，头脑充实，机智敏捷，反应灵活，并且平日持之以恒。与此同时，还要注意培养敏捷的表达能力，以及逻辑与语言修辞素养。

有一个销售员在一家百货商店前推销他那些“折不断的”梳子。为了消除围观者的怀疑，他捏着一把梳子的两端使它弯曲起来。突然间，那把梳子啪地一下断了，销售员顿时惊得目瞪口呆。这个时候，只见他把它们高高地举了起来，对围观者的人群说：“女士们，先生们，这就是梳子内部的样子。”

如果一个人平时总是思考如何应付复杂局面和临场突发情况，临战自然不会仓促和不知所措。

有一个卖瓦盆的人，为了能够早点儿把瓦盆卖出去，便当着顾客的面用旱烟锅子敲了起来。他边敲边喊：“听这瓦盆啥响声啊！”可是，令他意想不到的是瓦盆被敲破了。旁边看热闹的人忍不住笑出了声。他忙指着瓦片对身边的人说：“你们看这瓦茬子，棱是棱，角是角，烧得多结实呀。”

参加面试时，主考官所问的问题并不一定有什么标准答案，只要能“自圆其说”便算是成功。

有一个年轻的小伙子来面试，主考官问了一个问题：“你为什么要离开现在的企业？”

他回答：“在那家企业没有前途。”

“那么怎么样才算有前途？”主考官接着问。

“企业蒸蒸日上，个人才能得到不断提高和发展。”

“你们公司的产品在市场上的占有率名列前茅，员工收入也很高，这是有口皆碑的，怎么能说在这个企业没有前途呢？”

这位求职者被问倒了，为什么会出现这种情况呢？那是因为他不清楚随着问题的不断深入，他先前的论点将无法成立，这样就不能自圆其说了。

我们常常会遇到这样的提问：“你最大的优点是什么？”“你最大的缺点是什么？”这两个问题看起来很简单，可是要回答好却不是一件很容易的事情，因为接下来主考官有可能会问：“你的这些优点对我们的工作有什么帮助？你的这些缺点会对我们的工作带来什么影响？”然后还可以层层深入，“乘胜追击”，求职者是很容易陷入不能“自圆其说”的尴尬境地的。几乎所有的面试问题都有可能被主考官深化和挖掘，所以在回答问题之前一定要先考虑周到，然后再给予回答，这样才不至于使自己陷入被动的局面之中。

在日常生活中，我们不需要过于自夸，但在某些场景中，便需要好好运用自己的口才，把话说得巧妙高超。

赞美他人的五种方法

赞美他人也需讲究方法，若在赞美别人时，不掌握一定的技巧，不审时度势，即使是真诚的赞美，也不会达到预期的效果。赞美的方法很多，现在就常用的几种方法分述一下：

1. 直言夸奖法

夸奖是赞美的同义词。直言表白自己对他人的羡慕，这是平常用得最多的方法。老朋友见面说："啊！你今天精神真好啊！"年轻的妻子边帮丈夫解领带边说："你今天看上去气色好多了。"一句平常的话，一句出自内心的由衷赞美，会让人一天精神愉悦，信心倍增。

2. 反向赞美法

指责与挑剔，每个人都难以接受。把指责变成赞美，看来是难以想象的，能真正做到更是不易。但世界著名企业家洛克菲勒做到了。

方彦是一名优秀的企业家，使许多有才能的人团结在他周围。一次，他手下的职员张华处置工作失当，为公司造成了严重的损失。方彦知道后，并没有指责张华，他认为事情已经发生了，指责也没有用。于是他利用反向赞美法，称赞张华积极负责，在公司出现损失之后积极寻求解决方案。张华感动万分，从此更加卖力工作了。

3. 意外赞美法

出乎意料的赞美，会令人惊喜，也会引起对方对你的好感。卡耐基在《人性的弱点》中记载了一个他曾经历过的故事：

一天，他去邮局寄挂号信，办事员服务态度很差，对他很不耐烦。当卡耐基把信件递给他称重时，说了一句："真希望我也有你这样美丽的头发。"办事员听完，惊讶地看了看卡耐基，接着露出微笑，服务变得热情多了。

4. 肯定赞美法

人人都有渴望赞美的心理需求，在一些特定的场合更是如此。比如在报上发表了文章，成功地完成了论文，苦心钻研多年的项目通过了鉴定等，这些时候，他们都希望能得到别人的肯定。这时，不失时机给予真诚的赞美会使被赞美者更加高兴。

大家都知道张海迪的故事，她曾应日本友人之邀，赴日本参加特意为她举行的演讲音乐会。在台上，她第一次用自学的日语进行自我介绍，并唱了几首她自己创作的歌曲。在她讲完之后，她是多么希望能得到别人的赞许、鼓励和褒扬啊！这时，日本著名作家和翻译家秋山先生走上台紧紧地抱住她，说："讲得太好了，我们全都听懂了！"这简短的赞扬深深地打动了她，使她在最需要了解自己的时候，对自己有了一个清楚的认识，进而增强了自信心。

5. 目标赞美法

在赞美别人时，为他树立一个目标，往往能让他坚定信念，为这一目标而奋斗。

一位足球教练非常懂得运用赞美法激励队员。在训练队伍时，他发现一个少年思维敏捷，球路较多，教练非常看好他。

一天，教练来到这个少年身边，轻轻地拍了拍他的肩膀，说：“我对你非常有信心，总有一天，你会进入国家队，让大家看到你的光芒。”

后来，果然如教练所说，这位少年成为国家队一名出色的后卫，他回忆起过往经历，非常感激教练的栽培，尤其是那天教练拍着他的肩膀对他说的一席话，对他的一生都产生了巨大的影响。

第四章

观人于细微，掌握社交主动权

表情，让他的心底一览无余

你觉得一个人喜欢你或者不喜欢你，一定要用语言来表达对方才能感受到吗？当然不是，更多时候，人们是靠双方的非语言表达来感知到对方是否喜欢自己。

狄德罗曾说：“一个人，他心灵的每一个活动都表现在他的脸上，刻画得非常清晰和明显。”这句话揭示了人类表情的重要性。因为现实中，语言的表达远不及人们的表情丰富和深刻。

作家托尔斯泰曾经描写过 85 种不同的眼神和 97 种不同的笑容。可以说，人类的面部是最富表现力的部位，它能表达复杂的多种信息，如愉快、冷漠、惊奇、诱惑、恐惧、愤怒、悲伤、厌恶、轻蔑、迷惑不解、刚毅果断等。而面部表情也能传播比其他媒介更准确的情感信息。因此，表情能够清晰、直接地表达人们的内心想法。仔细观察一个人的表情，我们就可以获悉他的心理活动，进而掌握人际交往的主动权。

根据专家评估，人的表情非常丰富，大约有25万种。所以，表情能全方位地表现人们的心情不足为奇。那么，面对如此丰富的表情，要去辨别该从何着手？

1. 表情变化的时间

观察表情变化时间的长短是一种辨别情绪的方法。每个表情都有起始时间，即表情开始时所花的时间，表情停顿的时间和消失时间（即表情消失时所花的时间）。通常，表情的起始时间和消失时间难以找到固定的标准，例如，一个惊讶的表情如果是真的，那么它完成的时间可能不到1秒钟。所以，判断一个表情持续的时间更容易一些。因为通常的自然表情，并不会那么短暂。

有的甚至能持续4～5秒钟。不过，停顿的时间过长，表情就可能是假的。因为人类的面部神经非常发达，即使是非常激动的情绪，也难以维持很久。于是，要判断一个人的情绪真假，从细微的表情中就能发现痕迹，只是需要人们不断地进行细微的观察。

2. 变化的面部颜色

通常，人的面部颜色会随着内心的转变而变化，这样，表情就有不同的意义了。因为面部的肤色变化是由自主神经系统造成的，是难以控制和掩饰的。在生活中，面部颜色变化常见的是变红或者变白。通常来说，人在说话的时候，如果脸色变红，往往是他们遇到了令他们羞愧、害羞、尴尬的事。有的时候，人在极度愤怒的时候，面颊的颜色会在瞬间变得通红。而人在痛苦、压抑、惊骇、恐惧等情形下，面色会发白。

总之，人的表情变化往往是反映他内心世界的晴雨表。因此，我们可以顺着这条线索去探寻别人内心的秘密。

眉毛中隐藏的性格密码

在我国的文学作品中，有很多形容眉毛的词语，如“眉飞色舞”“喜上眉梢”“眉目紧锁”“横眉冷对”等，可见，眉毛也是一个人个性的体现。

心理学研究表明，眉动则心变，在我们的身体语言里，眉毛的每一个动作，都反映着一个人的情绪变化。所以，想要了解一个人的心理变化，可以从眉毛入手。

在我们所熟悉的眉毛动作中，概括说来：锁眉表示悲伤、忧愁；皱眉表示忧郁、为难；竖眉表示生气、愤怒；垂眉表示不悦、沮丧；横眉表示轻视、无畏；挤眉表示挑逗、戏弄；扬眉表示兴奋、骄傲；展眉表示愉快、欣慰；低眉表示腼腆、羞涩。

1. 眉毛深皱

大多数眉头深皱的人性格都比较忧郁，他们想逃离目前所处的境遇，但经常因为一些原因无法实现。如果一个人大笑而皱眉，说明这个人的心中有轻微的惊恐和焦虑，他的眉毛中泄露出明显退缩的信息。

2. 眉毛高挑

眉毛高挑的人往往是想逃离庸俗世事的人。这种表情通常被看作高深、傲慢的表现。

双眉上扬表示非常欣喜或极度惊讶；单眉上扬时，表示对别人所说的话、做的事不理解，内心存有疑问。斜挑眉毛是指一条眉毛向下降低，一条眉毛向上扬起。做这种表情的人，通常心里正处于怀疑状态，扬起的眉毛就像是一个问号。

3. 眉毛打结

眉毛打结是指两条眉毛同时上扬并相互趋近。与眉毛斜挑一样，这种表情通常表示严重的烦恼和忧郁，有些慢性疼痛的患者也会做这样的表情。一般而言，剧痛产生的是低眉且面孔扭曲的反应，只有较和缓的慢性疼痛才会产生眉毛打结的现象。

4. 眉毛闪动

眉毛闪动是指眉毛先上扬，然后在瞬间再下降，动作敏捷。眉毛闪动的动作是人类通用的表示欢迎的信号，是一种友善的行为。久别重逢的老友相见的一刹那，往往会做出这种动作。眉毛闪动如果出现在对话里，则表示加强语气。

5. 耸眉

耸眉是指眉毛先扬起，停留片刻，然后再下降。耸眉与眉毛闪动的区别就在于那片刻的停留。耸眉所牵动的嘴形是忧伤的，有时它表示的是一种不愉快的惊奇，有时它表示的是一种无可奈何的样子。此外，人们在热烈地谈话并讲到重要处时，会不断地耸眉。

眼随心动，目光中藏心迹

孔子曾说过：“观其眸子，人焉廋哉！”意思就是说：观察人的方法，没有比观察人的眼睛更好了。

眼睛是人的心灵之窗，一个人的想法经常会由眼神中流露出来。一般来说，我们可以通过以下几种方法达到观目识人心的目的：

（1）在人们交谈的过程中，如果对方不时地把目光移向近处，则表示他对你的谈话内容不感兴趣或另有所想，正在计划另一件事情。

（2）如果对方的眼睛上下左右不停转动，无法安定下来，可能是因为内心害怕而说谎，通常都有难言之隐，也许是为了不失去朋友的信任而对某些事情的真相有所隐瞒。

（3）目光躲闪的人，表示缺乏足够的信心，不仅怀有自卑感，而且性格软弱，在处理问题时缺乏自信。当然，如果是一对恋人，那样躲闪对方的目光又是另一回事了，那表示紧张或羞涩。

（4）交谈时根本不看你，可视为对方对你不感兴趣，或是不愿亲近你。

（5）眼睛滴溜溜地转个不停的人，表示意志力不坚，容易遭人引诱而见异思迁。

（6）目光中流露不屑的人，表示对你有敌视或拒绝的意思。

（7）眼神冷峻逼人，说明他不信任别人，心理处于戒备状态。

（8）没有表情的眼神，说明这个人心中愤愤不平或内心有所不满。

（9）当人情绪低迷、态度消极时，瞳孔就会缩小；而当人情绪高涨、态度积极时，瞳孔就会扩大。此外，据相关资料表明，一个人在极度恐惧或兴奋时，他的瞳孔一般会比正常状态下的瞳孔扩大3倍。几个人在一起打牌，假如其中一人懂得这种信号，一看到对方的瞳孔放大了，就可以肯定他抓了一把好牌，怎么玩心里也就有底了。

除此之外，眼睛的神采如何，眼光是否坦荡等，也都可以反映出对方的德行、心地、人品和情绪。

通过鼻子觉察对方的心理

鼻子位于五官正中，与眼睛比起来，可能没有那么多丰富的表情，所以人们在观察他人时，往往最先忽略了鼻子。

从医学的角度来看，鼻子是呼吸的通道之一，人内心的情绪稳定与否，都会引起呼吸的变化，呼吸的变化又会影响到鼻子的外形和色泽。而在相互交流中，一个人的心理活动往往会从鼻子的变化中显示出来。因此，我们要学会通过观察对方的鼻子洞悉其心理活动。

1. 鼻子皱起

鼻子动作通常所说的“皱起的鼻子”，它表示一种厌恶和轻蔑的态度，从根本上讲，这是一种傲慢、不屑一顾地对待别人的态度。这种动作与一个人在闻到难闻的气味时的鼻子动作是一样的。生活中，那些鼻子两侧有明显皱痕的人，很可能对周围不满的情绪多一些。

2. 鼻头冒汗

鼻头冒汗，一般表明对方心中十分焦虑和紧张。可能有时候这只是个人毛病，但平日没有这种反应的人，一旦鼻头出现冒汗的情况，就是心理焦躁或紧张的表现。

如果对方是重要的交易对手，必然是急于达成协议。他可能害怕交易失败，自己会失去机会，或招致不利，进而陷入了一种自缚的状态。

3. 鼻子变色

鼻子变色的情况并不常见，但如果鼻子整个泛白，说明对方的心理一定是畏缩不前的。如果是交易的对手，多半是因踌躇、犹豫的心情所致。比如一个男子向心爱的女子提出爱情告白却遭到了拒绝，很可能就会出现这种情况。另外，一个人自尊心受损、迷茫不安、心中有罪恶感时，也会使鼻子泛白。

4. 触碰鼻子

人在思考难题或者极度疲劳的时候，会用手捏鼻梁；在特别无聊或者遇到挫折的时候，则经常会用手指挖鼻孔。这些触摸自己鼻子的动作，都可以视为自我安慰的信号。

在双方交际过程中，一方试图隐瞒自己的真正意图，往往会在讲话或聆听的时候，用食指轻捏或轻揉鼻子。尤其在有人问我们一个难以解答的问题时，我们为了掩饰内心的慌乱，手会自然地挪到鼻子上。这种情形常见于不会撒谎的人的面部表情上，其原因是由于说谎时他们心情紧张，并试图掩饰自己心里的慌乱。

5. 鼻孔朝着对方

用鼻孔朝人，体现出一种傲慢的表情，表示瞧不起对方。经常做这种动作的人很可能不想和你交往，却还希望占据上风。

6. 鼻孔扩大

在谈话中，鼻子稍微胀起，可能表示对方有所得意，或对你有所不满，或情感有所抑制。人在兴奋或紧张的状态中，呼吸和心律跳动会加速，所以会产生鼻孔扩大的现象。至于对方的真实想法，还需要结合对方的谈话或其他微表情来判断。

嘴巴的变化折射出人的内心世界

人嘴部的动作是很丰富的，这些丰富的嘴部动作，从某种程度上可以折射出一个人的性格特征和心理态度。

1. 嘴唇往前撇

人的下嘴唇往前撇，表明他对接收到的外界信息持怀疑态度，并且希望能够得到肯定的回答。

2. 嘴唇往前噘

人的嘴唇往前噘的时候，表明此人的心理可能正处于某种防御状态。

3. 嘴角向后

在与人交谈中，如果其中有人嘴唇的两端稍稍有些向后，表明他正在集中注意力听其他人的谈话。

4. 嘴巴抿成“一”字形

这个动作一般在人们需要做重大决定，或事态紧急的情况下才会做出。而经常做出这一动作的人大都比较坚强，具有坚持到底的顽强精神，面对困难想到的是战胜它而不是临阵退缩。他们也是倔强一族，每件事都经过深思熟虑而采取行动，这时候谁也阻挡不了他们。他们总是抱着不到黄河心不死、不撞南墙不回头的心理，所以获得成功的概率较大。

5. 牙齿咬嘴唇

在交谈的时候，有些人习惯用牙齿咬嘴唇，可能是上牙齿咬下嘴唇，也可能是下牙齿咬上嘴唇或双唇紧闭。这表明他们正在聆听对方的谈话，同时在心中仔细揣摩话中的含义。这类人一般都有很强的分析能力，遇事虽然不能非常迅速地做出判断，但是一旦做出，往往没有后顾之忧。

6. 嘴角上挑的人

这类人机智聪明、性格外向、能言善辩，善于和陌生人主动打招呼，并进行亲切的交谈。他们往往胸襟开阔，有包容心，不会记恨曾经伤害过他们的人，因而有着非常良好的人际关系，在最困难的时候常常能够得到他人的支持与帮助。

此外，口齿不清、说话比较迟钝的人，可以分不同的情况来讨论：一种人是不仅在说话方面表现得不够出色，在其他各个方面的表现也都是相当平庸的，这样的人若想获得很大的成就非常不易；还有一种人，他们的语言表达不精彩，而且也不太经常表达自己的观点，但一旦表达，肯定会有不凡的见解，这说明这个人在某一方面或几方面具有比较出众的才能。

下巴的角度是态度的分水岭

当你向一群人或朋友发表自己的意见时，如果你留心观察一下他们，可能会发现这样一个有趣的现象：在你发言的过程中，他们中的很多人会把手放在脸颊上。当你的发言接近尾声，你让他们对你刚才的发言发表一些意见或是看法时，有趣的现象便出现了，他们会迅速结束自己原先的姿势，将手移到下巴处，并轻轻地抚摸下巴。这时，每个人的下巴角度又都是不同的。

下巴的动作一般分为抬高下巴和收缩下巴。下巴的角度不同，所代表的态度也不同，这可能会暗示他们的决定是积极的还是消极的。你的最佳策略就是冷静地观察他们的下一个动作。

如果他们在抚摸下巴之后，将自己的手臂和腿交叉起来，并将身体后仰在椅子上，将下巴抬高，这种情况下，他们的最终决定可能是否定的。一旦出现此种情况，你大可不必惊慌，因为事情还没有到完全无法挽回的地步。此时你应迅速征求一下他们的意见，请他们说出心中的疑惑、不满，然后对其进行一一解答。这样一来，那些原来心存疑惑、情绪不满的听众很可能会改变他们的决定了。

如果他们在轻轻抚摸自己的下巴后，身体后靠，同时手臂张开，下巴的弧线内敛，这就表明他们很肯定你的看法。一旦出现此种情况，你就可以继续在台上尽情地“纵横驰骋”了。

下巴的动作除了与对方态度的认可与否定相关外，下巴的角度还和威严感、傲慢有关。我们观察以动作片闻名的男影星的海报时就可以发现，他们总是以高抬的下巴来显示自己的雄性特征。抬高下巴的姿势大部分都会呈现一种盛气凌人的感觉。

女总裁出差时与下榻的宾馆服务人员发生了一点争执。她坐在沙发上，对方站在她的对面。女总裁说：“你不用说了，把你们经理找来。”她说话时，高高抬起下巴，但她没有把视线落在站着的服务生身上，而且望向了另一边。

当对方的视线位置比我们高时，我们可能会抬起头来与他讲话。但这里的女总裁显然不是为着这个目的才高抬下巴的。她的高抬下巴显示了一种傲慢和自认为高人一等的态度，高抬的下巴和望向另一边的视线都在向对方表示“对继续谈话毫无兴趣”。

我们必须承认，一个人的身高能影响他的气度。比如在军事院校指挥专业的选拔上，身高就是很重要的参考指标之一。不过，人的身高都是先天决定的，无法更改，于是人们乐于从任何细节上来提升身高，比如高抬下巴。这个动作潜意识想表达的是要比对方高出一些来，所以用伸长脖子并且下巴高抬的姿势来强调。

而相反，下巴收缩的角度则代表一种小心翼翼的畏惧感，爱收缩下巴的人与喜欢高抬下巴的傲慢人士性格截然相反。他们比较谨言慎行，凡事都很小心，能够做好手头上的工作。但他们只注重自己眼前的工作，相对保守和传统。

下巴的动作虽然轻微，可是却可以凭借下面这些影射内心的“投影机”来解读他人。

1. 表示愤怒的下巴

愤怒的人下巴往往会向前撅着，这一般也表达威胁和敌意。观察那些不听话的小孩，在回答“不”之前，他们做的第一件事就是撅起下巴。

2. 表示厌倦的下巴

当你看到他的手平展开，轻叩下巴下面数次，这表示他正感到十分厌烦。最初这一动作只表示某人吃饱喝足没事做。现在，它更多是暗示某人的厌倦之感。

3. 表示全神贯注的下巴

当你看到有人轻轻地、缓慢地抚摸下巴，就像摸着他的胡须一样，你最好不要轻易打扰，这表明此人正在精力集中地思索或聆听。

下巴的角度是态度的分水岭，是了解个性的媒介之一。如果你想了解自己是被接纳还是被拒之千里，那么看看他的下巴吧！

手势也能传达对方的心绪

在体态中，手势是很突出的，演讲、教学、谈判、辩论乃至日常交谈都离不开手势，所以行为学家曾形象地比喻说："手势是人的第二张唇舌。"

人们的种种心理都可以通过千姿百态的手势体现出来，而且手势往往比语言更能传达说话者的心意。下面，就让我们看看几种常见的手势所体现的心理状态：

1. 双手托腮

以手托腮的动作是一种替代的行为，即用自己的手代替母亲或是情人的手，来拥抱自己或安慰自己。在精神抖擞毫无烦恼的人身上，很少看见这样的行为，人只有在心事重重时，才会托着腮沉浸于自己的思绪中，借此填补心中的空虚与烦恼。

倘若一个人平日就习惯以手托腮的话，表示此人经常心不在焉，对现实生活感到不满、空虚，期待新鲜的事物，梦想着在某处找到幸福。

另外，如果你眼前的人，正用手托腮听你说话，就表示他觉得话题很无聊，你的话语无法吸引他。或者他正在思考自己的事，希望你听他说话。而如果你的恋人出现这样的举动，也许他（她）正厌倦于沉闷的聊天，希望你给他（她）一个热情的拥抱呢！

2. 手势上扬

手势上扬，代表着号召、鼓舞或赞同、满意的意思，有时候也用以打招呼。经常会有这种举动的人，大多性格开朗、豪迈、不拘于形式。手势上扬，无形之中还给人一种振奋和积极向上的力量。

3. 双手叉腰

孩子与父母争吵、拳击手在更衣室等待开战的锣声、两个吵红了眼的冤家……在上述情形中，经常看到的姿势是双手叉在腰间，这是表示抗议、进攻、挑战的一种常见动作。有些观察家把这种举动称之为“一切就绪”，但“挑战”才是其最基本的实际含义。

另外，这种姿势还被认为是成功者所特有的站势，它可使人想象到那些雄心勃勃、不达目的誓不罢休的人。这些人在向自己的奋斗目标进发时，都爱采用这种姿势。一般来说，含有挑战、奋勇向前趋势的男士们常常在女士面前摆出这种姿势，来表现他们男性的好战，以及男子汉形象；但女人如果用这一姿势，则会让人有母夜叉、河东狮吼的感觉。

4. 十指交叉

有一些人在谈话时，常常会将双手在胸前无意识地交叉在一起。最常见的姿势是把交叉着十指的双手放在桌面上，面带微笑地看着对方。这种动作常见于发言人，这个动作出现的时候，常常处于一种平和的氛围之中。

另外，这种姿势常常也被一些女性拿来使用。那么当一个女子摆出这种姿势的时候，如果能够了解其中所代表的意思，就可以适时而动，接近她。以下就是女性十指交叉的方法不同所代表的不同含义：喜欢十指交叉的女性往往可能是在谈恋爱的时候曾经受过伤害，其内心对别人有一种戒备心理。如果一个女子用双肘支撑着交叉双手，或者把下巴放在交叉的双手上面，那就表明她是一个特别有自信的女性，或者是说她对自己的魅力相当自信。而把十指相对，将手势摆成尖塔形的女性，则是非常理性的女子，如果她们摆出这种姿势的话，一般表示她只对男子说的话感兴趣，而不是对男子本身感兴趣。

5. 双臂交叉

将双臂交叉抱于胸前，是一种防御性的姿势，用来保护自己。这是一种心理上的防卫，也说明对眼前人的排斥感。

这个动作似乎正传达着“我不赞成你的意见”“嗯……你所说的我完全不懂”“我就是不欣赏你这个人”。因此，当对方将双臂交叉抱于胸前与你谈话时，即使不断点头，其内心也可能对你的意见并不赞同。

也有一些人在思考事情时，习惯将双臂交叉抱于胸前，一般而言，有这种习惯的人基本上是属于防卫心强的类型。他们常常在自己与他人之间画下一道防线，不习惯对别人敞开心胸，永远和对方保持适当的距离，冷漠地观察对方。

声音的变化反映人心百态

很多人都有这样的经历，虽然对一个人还没有太深入的了解，但仅仅凭听到对方说话的声音，就能大致上判断其性格和内心，所谓“闻其声如见其人”，其道理就在这里。

熟读《红楼梦》的朋友都知道，王熙凤的出场就是典型的“不见其人，先闻其声”，透过声音塑造出了一个“凤辣子”的形象。所以说，一个人说话的声音，能够暴露他的内心。在具体的场合中，如果我们能仔细辨别对方声音的变化，就可以了解其真实的想法。

以下就分享一些根据说话的声音判断一个人的内心的技巧。

1. 语速快慢变化

语速的快慢疾徐直接反映出说话人的情绪状态。一般来说，说话速度慢的人，比较忠厚老实，性格内向，思维缜密；说话速度快的人，性格热情外向，比较精明，也会比较浮躁。

在人际交往中，人说话的语速会因情绪的变化而有变化。

（1）一个人说话的语速变快的情况如下：

很多人说话突然变快，是为了掩饰内心的不安全感。例如，当一个人的谎言被揭穿时，他会对自己的谎言加以解释，这时候他说话的语速会越来越快，借以掩饰内心的不安。

当一个人情绪激动的时候，如紧张、焦虑、兴奋、急躁、愤怒、恐惧时，他说话的语速也会加快。例如，一位平常说话慢慢悠悠、不急不躁的人，面对一些人对他的无端指责、诋毁，就会用快于平常的语速大声地进行反驳。

另外，一个平时说话语速比较缓慢的人突然加快语速，也可能是为了向人们传达对不公正待遇的一种抗议，也有可能是他有一个独到的见解，希望引起他人的注意。

当然，也有人会因内心的自卑而加快语速，表达心中的不服。

（2）一个人说话的语速放缓的情况如下：

一个平时说话语速很快的人，或者说话语速适中的人，突然放慢了语速，就一定是在强调什么东西，想引起别人的注意，希望对方能够听清并且记住自己的话。例如，老师在讲到重点内容时，就会把说话的语速放慢。

一个平时伶牙俐齿的人，在遇到某个人时，突然将自己的语速放慢，说话吞吞吐吐，反应迟钝，很可能是因为自己犯了错误、心虚或底气不足，也有可能是有什么事情瞒着对方，放慢语速是希望对方听不出什么，不会引起对方的怀疑。

另外，一个人在困惑、难过或者忧伤时，心情会变得沉重起来，说话的语速也会放缓。当然，有时，当一个人碰见自己喜爱的人时，语速也会减慢。

2. 声音大小变化

（1）一个人说话声音变大的情况如下：

很多人都发现，大声说话是说服对方的很好“武器”，至少在气势上可以压倒对方。一个人只要把话说得够大声、够尖锐，就能给对方一种很自信的感觉，从而让其同意并接受自己的观点。例如，在辩论赛上，参赛选手的说话声音都会比平时要高。因此，当一个人说话声音突然提高时，他可能是想说服你，让你接受他的观点。

一个人遇到高兴的事或者情绪激动（如气愤、愤怒等）时，说话声音会情不自禁地提高一些。另外，一个人想支配或者控制对方时，说话声音一般会提高一些。例如，经理可能会这样对下属说："我的话听到没有？"这时候的说话声音要明显比平时大些。

（2）一个人说话声音变小的情况如下：

一个人心中不安、心情紧张时，会情不自禁地把声音放低。他希望对方听不到自己的话，以寻求心理上的安慰。例如，某公司会议上，销售经理让各个业务员汇报本月的销售额时，销售量最差的业务员在汇报时会将声音降得很低。

没有自信心的人也会把说话声放低。例如，我们问一个人："这件事能做到吗？"如果他有信心，就会非常大声地肯定；当他缺乏信心时，他就会把说话声压低。

抓住非言语线索，识别他人的谎言

在生活中，我们经常能见到谎言的身影，或是从我们自己这里，或是从我们周围的人那里。说谎的原因也有多种：有的人是出于习惯，有的人则是迫不得已。这一令人悲哀的事实引出了一个重要问题：我们如何知道别人在撒谎？一般来说，要想识别谎言，多数需要借助于非语言线索。当人们撒谎时，他们的面部表情、身体姿势和动作等都有微妙的变化。下面，就让我们看看自己所能具有的识破别人谎言的能力吧！

1. 瞬间闪现的面部表情

有心理学家指出，识别他人谎言的一个有效线索是瞬间闪现的面部表情。这种反应会在一个人的情绪被唤起之后快速出现而且很难抑制。因此，它们能揭示人的真实感受和情绪。比如，当我们问一个人是否喜欢某样东西，在他做出反应时密切地关注他的脸。如果我们看到一个表情（比如皱眉）之后紧跟着另一个表情（比如微笑），这就是他撒谎的信号——他正在表达一种观点，而实际上他的真实观点是另外一个。

2. 说话音调升高

当人们说谎时，说话的音调通常会升高，并且更加犹豫，还会有很多错误。如果我们在别人说话时看到了这些变化，说明他在撒谎。

3. 目光的变化

谎言经常被目光接触的某些特征所揭示。撒谎的人会比说实话的人更频繁地眨眼，瞳孔也会更大。他们与人目光接触水平较低或较高，因为他们企图通过直视别人的眼睛给他留下诚实的印象。

4. 夸张的面部表情

撒谎的人有时会露出夸张的面部表情。他们可能比平时笑得更多，或表现出过分的悲伤。一个基本的例子是，某些人对我们提的要求说“不”之后表现出过分的歉意，这正是预示着他们说“不”的理由可能是假的。

我们平时只要留心观察，并注意积累经验，就可以判断出别人是否在说谎，或者只是企图隐藏他们的真实感受。识别谎言的成功不是绝对的，有些人是熟练的说谎者，但是只要仔细注意以上所说的线索，他们就很难蒙蔽我们。

第五章

盘活关系网，构建黄金人脉圈

“刺猬哲学”才是交友之道

叔本华曾经讲过一个“刺猬哲学”：一群刺猬在寒冷的冬天相互接近，为的是通过彼此的体温取暖以避免冻死，可是很快它们就被彼此身上的硬刺刺痛，相互分开；当取暖的需要又使它们靠近时，就重复了第一次的痛苦，以至于它们在两种痛苦之间转来转去，直至它们发现一种适当的距离使它们能够保持互相取暖而又不被刺伤为止。

正如一句话说得好：“距离产生美。”再好的朋友如果天天见面，也未必是一件好事。保持一定的距离，这样才能让友谊之情长久。

交到好朋友难，而保持友情更难。彼此是好朋友，那为何还要保持距离？这样会不会让朋友间彼此疏远，显得缺乏继续交往下去的诚意呢？你肯定会为这些问题担心。但事实证明，很多人友情疏远，问题就恰恰出在这种形影不离之中。

距离是人际关系的自然属性。有着亲密关系的两个朋友也毫不例外，成为好朋友，只说明你们在某些方面具有共同的目标、爱好或见解，能进行心灵的沟通，但并不能说明你们之间是毫无间隙、可以融为一体的。任何事物都存在着其独自的个性，事物的共性存在于个性之中。共性是友谊的连接带和润滑剂，而个性和距离则是友谊相吸引并永久保持其生命力的根本所在。人一辈子都在不断地交新的朋友，但新的朋友未必比老的朋友好，失去友情更是人生的一种损失，因此要强调：好朋友一定要保持距离。

人各有志，每个人都有不同的生活习惯、思维方式和处理问题的方法。朋友之间相处，不能有半点强求、干预和控制。有的人把好朋友当成了自己的私人财产，对朋友的什么事都要过问，希望他们按照自己的想法去做事。一旦朋友提出反对意见，就不依不饶，甚至翻脸不认人。与这样的朋友相处，使人感到失去自我，失去自由，背上沉重的包袱，这段友情的结束也是迟早的事。

好朋友之间要少一些俗套和客套，但也不能过分随便，缺少了恭敬。有的人仗着关系亲密，与朋友说话不分场合，信口开河，随便开玩笑，办事也不顾朋友的忌讳，大大咧咧，不留情面，结果伤了朋友的自尊。

王博与白旭曾是一个单位的同事，也是非常要好的朋友。后来，白旭事业顺利，当上了厅局级干部。一天，白旭下基层检查工作，在基层领导前呼后拥中碰见了还是科长的王博。王博见到昔日的好友非常激动，也不顾忌对方身份，大声冲白旭喊道："你小子，什么时候来的，也不打个招呼，现在官做大了，把老朋友都忘了！"白旭虽然感到唐突，但仍邀请王博一起吃晚饭。

饭桌上，王博多喝了两杯，当着白旭众多下属的面，依旧"你小子"长，"你小子"短地与白旭叙旧，其间不乏揭白旭当年的老底。白旭虽然一直在微笑，但可以看出，他笑得很勉强。从此以后，白旭每次到这个地方检查，都会有意避开王博。

再好的朋友也不能替别人做主。好朋友间可以互相信赖，可以托付重要的事情，但必须是受朋友之托为朋友办事，绝不可以仗着关系好，以及朋友信任自己，就对朋友权限范围里的事大包大揽。

柳勇和张力阳在同一个乡政府任副职，又是好朋友。张力阳性格豪爽，总喜欢替朋友当家。有人来求柳勇办事，柳勇不在家时，张力阳会大包大揽地说："没问题，这事我可以替他做主。"有时他答应了别人的事情，确实让柳勇很为难，但碍于好朋友的情面，也只好勉强去做或违心地去办。

这一年机构改革，年龄大的乡镇党政一把手离任了一批。柳勇和张力阳同时得到提拔重用。开始组织上决定让柳勇到一个乡任党委书记，张力阳出任乡长。

在征求意见时，柳勇说："我们俩搭班子不合适，要么我到其他乡去，任乡长也可以，要么张力阳到其他乡去。"

组织部长说："听说你们俩私交不错，过去工作配合得也很好，为什么不能在一个乡任党政一把手呢？"柳勇说："我俩确实是好朋友，但这是私交。如果在同一个乡任党政一把手，许多问题不好处理。如果工作上有分歧，要照顾朋友情面，就会给事业造成损失。如果不照顾朋友情面，就会造成不必要的误会。私交好的朋友未必是最佳的工作搭档。”柳勇的话得到了组织部长的赞许。好朋友距离太近，搭班子更容易出现摩擦。

“亲密无间”是对关系亲密的最高评价。就物质世界而言，没有“无间”可言，分子间的结合也有空隙。人与人之间，由于个体差异的存在，“无间”也是不可能的。所以，在人际交往中保持一定的距离是关系长久、和谐的前提。

可见，朋友相处，重要的是双方在感情上的相互理解和遇到困难时的互相帮助，而不是了解一些没有必要的东西。也可以说，心灵是贴近的，但肉体应是保持距离的。

中国古老的箴言“君子之交淡如水”，便饱含了这一道理。那么，真诚地对待你的朋友时，保持距离、用心经营才是上上策。

靠得住的朋友一定要深交

法国作家罗曼·罗兰曾说过这样一段话：“得一知己，把你整个的生命交托给他，他也把整个的生命交托给你。终于可以休息了：你睡着的时候，他替你守卫；他睡着的时候，你替他守卫。能保护你所疼爱的人，像小孩子一般信赖你的人，岂不快乐？而更快乐的是倾心相许、剖腹相示，把自己交给朋友支配。等你老了、累了，多年的人生重负使你感到厌倦的时候，你能够在朋友身上再生，恢复你的青春与朝气，用他的眼睛去体会万象更新的世界，用他的感官去抓住转瞬即逝的美景，用他的眼睛去领略人生的壮美……即便是受苦，也是和他一块受苦！只要能生死与共，即便是痛苦也成了快乐！”

没错，患难与共的朋友，才是真正的朋友。而真正的朋友是那种当你遇到困难的时候，能够全力相助的人。在你的朋友中，这种朋友绝对是必不可少的。

古代有一个叫荀巨伯的人，有一次去探望朋友，正逢朋友卧病在床。这时恰好敌军攻破城池，百姓纷纷携妻挈子，四散逃难。朋友劝荀巨伯："我病得很重，走不动，活不了几天了，你自己赶快逃命去吧！”

荀巨伯却不肯走，他说："你把我看成什么人了？我远道而来，就是为了看你。现在，敌军进城，你又病着，我怎么能扔下你不管呢？”说着便转身给朋友熬药去了。

朋友百般苦求，叫他快走，荀巨伯却端药倒水安慰说："你就安心养病吧，不要管我，天塌下来我替你顶着！”

这时“砰”的一声，门被踢开了，几个凶神恶煞般的士兵冲进来，冲着他喝道："你是什么人，如此大胆？全城人都跑光了，你为什么不跑？”

荀巨伯指着躺在床上的朋友说："我的朋友病得很重，我不能丢下他独自逃命。请你们别惊吓了我的朋友，有事找我好了。即使要我替朋友去死，我也绝不皱眉头！”

敌军将帅听说了荀巨伯的事迹，很是感动，说："想不到这里的人如此高尚，怎么好意思侵害他们呢？走吧！”敌军因此撤走了。

患难时体现出的情义能产生如此巨大的威力，实在是令人惊叹！这种朋友就是能够显示自己本色的人，他们能够与你真心交往，与你同甘共苦。他们有着丰富的精神世界，能帮助你不断地进取，成为你终生的骄傲。

这种靠得住的朋友一定要深交，因为他们是你人生中难得的"真金"，是你可以珍惜一辈子的挚友。正如纪伯伦曾说过的："和你一同笑过的人，你可能把他忘掉；但是和你一同哭过的人，你却永远不会忘记。"

结交忘年知己，友谊路上多份助力

培根就曾这样论述过："青年的性格如同不羁的野马，藐视既往，目空一切，好走极端，勇于改革而不去估量实际的条件和可能性，结果常常因浮躁而冒险；老年人则比较沉稳。最好的办法是把两者的特点结合起来。"这样，年轻人就可以从老年人身上学到坚定的志向、丰富的经验、深远的谋略和深沉的感情。而且，老年人丰富的人际关系资源，可以为年轻人提供更多的门路。

> 一位20岁的歌手与一位70岁的音乐艺术家相识，后来音乐家在一次访谈里对这段往年之交进行了深情地描述："要知道，在垂暮之年，最大的满足莫过于在青年心灵中发现和你一样向理想、向更高目标的突进，对低级庸俗趣味的蔑视……多亏这位青年的来临，两年来我同他进行最高水平的精神交流，通过这样不断的激励，我又获得了思想的青春和对一切美好事物的强烈兴趣……"

这就是我们常说的"忘年之交"。一方面它是一种心灵相通，另一方面也具有现实的意义。老年人往往非常喜欢与人交往，以获得尊重，同时，老年人也希望通过帮助别人来获得自我价值的实现。

崔明明一人独自来到北京，到北京大学作家班学习。通过上课，他认识了一位老教授，通过老乡的关系，彼此慢慢熟了起来。崔明明独特而新颖的思路吸引了老教授，他们成为忘年之交。等到作家班结束后，老教授将他介绍到了一家效益好的出版社。从此，崔明明打开了人生的新天地，也在北京站稳了脚跟。

通过“忘年交”这种方式，我们也可以结识到优势互补的朋友。很简单,年轻人有年轻人的优势,而老年人则有老年人的优势。年轻人有激情、有创造性，而老年人有经验、有方法。年轻人要想在事业上获得迅速发展肯定离不开老年人的提携和帮助。

然而，由于年轻人与老年人在思想、感情、思维方法和心理上存在较大差异,因此,年轻人与老年人在交往方面容易产生“代沟”。但是我们不能因为这种代沟的存在而阻断年轻人与老年人的交往。因为任何社会阶段都要靠各个年龄层次的人的相互作用来发展，这种作用既有选择性的继承，也有创造性的发挥和扬弃。加强年轻人与老年人之间的交流与沟通，对双方乃至对整个社会的发展都具有十分重要的意义。

要加强双方之间的沟通，年轻人必须客观地、辩证地认识老年人与年轻人各自的长短优劣之处，看到这种沟通对双方不同的互补功能。

所以，朋友之间的交往并不局限于同时代、同年龄段的人，这些人相对来讲更加与你接近，但是，与你的前辈相处时，你会发现他们也能够吸引你。虽然存在代沟，但是一旦形成忘年交，就会发出耀眼的光芒。

收获人情，借不如送

古人说，朋友有通财之义。朋友生活上有了困难，借些钱给他，既彰显义气，又助他摆脱困境，无可厚非。在人际交往中，适当的时候送点顺水人情给别人，也算得上是一种“小投入、大产出”的人际投资。

每个人都害怕囊空如洗，所以每个人都吝惜金钱。当朋友向你借钱时，是借还是不借？你一定会好一番斟酌。其实，这是现代人常常要遇到的问题。很多人碰到他人向自己借钱的问题时都很困扰，因为借给对方钱，有可能这一笔钱就要不回来了，或是一再拖延，到最后才拿回一小部分。

另外，朋友需要才会借钱，如果时间一到便去催债，好像自己太没人情味，何况也没勇气开口，怕一开口，就伤了彼此的感情。如果不借，自己的钱固然是“保住”了，但朋友有难，不出手帮忙，道义上似乎也说不过去，而且彼此间的感情恐怕会变淡了。借不借人钱，就是这么让人伤脑筋！

当然，“有借有还”同样存在，甚至有不仅还本金还主动给利息的情况。不过说老实话，借钱始终是一件潜藏着危机的事情——如果对方一而再，再而三地向你借钱，表示他的财务有问题，总有一天会连本金也还不出来！

可是，人情、感情与道义在别人开口借钱的一瞬间全部横在了你的面前，怎么办呢？

这种时候，与其借了钱又整日担心着钱回不来，或者盘算着怎么开口把钱要回来，还不如放宽心，把钱送给他们。如果借款数目巨大，就要衡量自己的能力，可以拿出一小部分送给他，这样既表明自己尽力帮忙的立场，又不伤害感情和道义。总之，送钱的做法虽然可能在钱财上蒙受损失，却一定会收获人情。所以，面对借钱的朋友，聪明人的做法是：给他钱，而不是借他钱！

所谓“给他钱”有两个层面的意义。在心理层面上的意义是：表面上是“借给”他，也言明归还期限和利息多少，但在心理上却抱着这笔钱将“一去不回头”的想法——他能还就还，不能还就当作是送给他的！

这种态度有很多好处。第一个好处是不会影响两人的感情，你也不会因为对方还不起钱或不还钱而难过；第二个好处是顾到了朋友间有难相助的“道义”；第三个好处是在对方心中播下一粒“恩与义”的种子，这粒种子或许会发芽，在他日以“果实”对你做最真诚的回报。

第二个层面的意义是真的给他钱。也就是说，他虽然是向你借用的，但你却表明是给他的，是要帮他解决困难的，并不希望他还钱。

这样做也有很多好处。第一个好处是他不大可能再来向你“借钱”，他也会因此感到不好意思的。而你也可表示“我已竭尽所能”，将对方开口的数目打折给他，万一对方真的还不起钱，或根本不还钱，你也可以降低损失。第二、三个好处和前面一段说的一样，兼顾了情与义，同时也在对方心中种了一粒“恩与义”的种子，而这“人情”，他总是要担的。

事实上，不管是“借”还是“给”，钱能不能收回来都是个未知数。之所以说“借他们钱，钱收不回来；给他们钱，‘钱’收得回来”，是基于这一点：钱只要离开你的口袋，就有收不回来的可能性，因为对方是没有钱才向你开口，所以明知有可能回不来，干脆就不抱希望，把“借”变成“给”，既免了催债时给对方造成不愉快、自己也难过的情况，又把你的钱变成人情，“收”了回来。

如果“借”或“给”都觉得很难，那么就狠心拒绝吧！不过，在力所能及的情况下还是不要太计较钱能否再回到你的口袋中，因为金钱有数，人情无价。

人生在世，不少的烦恼都跟金钱有关，而我们在处理和金钱有关的问题时，往往都意外地盲目。金钱的问题一旦混入人际关系之中，烦恼与纠纷便在所难免，因此，避免因金钱而影响关系的最佳解决办法就是“送”。

穿朋友的鞋子，增进彼此交情

人与人之间相处，有时会产生误解和隔阂，这是通向友谊王国的“拦路虎”。真心与朋友交往，就要给对方多一些理解，多站在对方的立场和角度来为他着想，这也就是所谓的“穿朋友的鞋子”。

学会穿朋友的鞋子，许多事不必说你就能心领神会，同样，朋友也会深知你心中所想，在你的心弦刚刚奏出第一个音符的时候，他已经知道了整个乐曲的内容。

多站在对方的立场上看问题。这是中国式人际交往中一条重要准则。人与人互相交流时，经常会出现意见上的不一致。如何能缩短与对方沟通的时间，消除差异，提高沟通的效率呢？下面为大家列举一个故事——囚犯的权利，希望你能从故事中领悟这条交际原理。

某囚犯被单独监禁。有一天，他忽然嗅到了一股香烟的味道。于是，他走过去，通过门上一个很小的窗，看到门廊口有个卫兵深深地吸了一口烟，然后美滋滋地吐出来。

这个囚犯很想要一支香烟，所以，他用手客气地敲了敲门。卫兵慢慢地走过来，傲慢地喊："干什么？"囚犯回答说："对不起，请给我一支烟……就是你抽的那种。"

卫兵认为囚犯是没有权利的，所以，他用嘲弄的神态哼了一声，就转身走开了。

这个囚犯却不以为然。他认为自己有选择权，他愿意冒险检验一下自己的判断，所以他又敲了敲门。这回，他的态度是威严的，和前一次明显不同。

那个卫兵吐出一口烟雾，恼怒地转过头，问道："你又想干什么？"

囚犯回答道："对不起，请你在30秒之内把你的烟给我一支。不然，我就用头撞这混凝土墙，直到弄得自己血肉模糊，失去知觉为止。如果监狱当局把我从地板上弄起来，让我醒过来，我就发誓说这是你干的。当然，他们绝不会相信我。

但是，想一想你必须出席每一次听证会，你必须向每一个听证委员证明你自己是无辜的；想一想你必须填写一式三份的报告；想一想你将卷入的事件吧——所有这些都只是因为你拒绝给我一支劣质的万宝路！就一支烟，我保证不再给你添麻烦了。”

最后，卫兵从小窗塞给他一支烟。为什么呢？因为这个卫兵马上明白了事情的得失利弊。这个囚犯也站在对方的立场上，看穿了卫兵的弱点，因此达成了自己的要求——获得一支香烟。

这个故事告诉我们：如果自己能站在对方的立场上看问题，不就可以知道他们在想什么、想得到什么、不想失去什么了吗？仅仅是转变了一下观念，学会站在对方的立场看问题，立刻就能够获得快乐——找到一种真理的快乐。

怎样成为受人欢迎的人呢？你必须对对方有“同感”的理解。所谓“同感”就是对于对方所述，表示自己有类似的想法或经历。

吴倩以十分认真的语调告诉她的好朋友李蓉，她生活实在不顺利，很想一死了之。李蓉听到她的话，不是板起脸孔说教一番，而是说：“是啊，我曾经也有过同样的想法，记得是那天发生的一件事，使我看到了人为什么要勇敢地活下去……”结果吴倩就轻松地谈起了她的烦恼与苦闷。李蓉边听边点头，表示理解和关注。后来吴倩不但勇敢地活了下去，并且成为了一个杰出的人。她和那位善解人意的李蓉的友谊越来越深了。

要想达到与人情感沟通的效果，就要多注意、理解对方。当对方对某一事物表露出一种情感倾向时，你就要对他所说的这件事表达同样的感受。因为时刻站在对方的角度，给人的感觉必定如沐春风，你的善良一定能让人感受得到，给人一种无须设防的亲近感。

真诚理解是友谊的纽带，是成为知己朋友的情感基础。这种理解就在你的身旁，就在每天琐碎的日常生活当中，而我们能做的，只是在人际交往中，设身处地多为他人着想。

巧妙借用别人的声望

狐狸虽然是非常聪明的动物，但由于它没有力气，个子矮小，因此处境不利。在森林中，狐狸得不到尊敬，没人真正把它放在眼里。为了克服这一点，对于狐狸来说，最好的一个办法就是说服老虎与它做朋友。通过与力大无比、令人敬畏的老虎密切交往，狐狸可以伴随老虎左右在丛林中四处行走，而且享受丛林动物们给予老虎的同样的提心吊胆的尊敬。即使老虎不在狐狸身边，得知狐狸与老虎交往甚密，也足以保证狐狸在旷野中得以生存。

狐狸这种做法，便是典型的借光，这个“狐假虎威”的中国古代智谋，原指狐狸仗着老虎的威风吓唬别的野兽。一般狐假虎威之谋，在世人眼中似乎不算奸诈，主要有狡猾之感，指仗着别人的威力欺压人。这种计谋与常说的“狗仗人势”“拉大旗作虎皮”“挟天子以令诸侯”“借刀杀人”虽然很接近。但从谋略学的角度看，这种方法就是典型的借助外力增长自己的势力与威风，以达到战胜对手的目的。

在现代社会，这种手法已被政治、经济、文化以及外交等领域广泛运用，而且大有日趋扩展之势，对于人际交往而言，它不失为一种提高自身形象、扩大自己影响的策略和技巧。

《兵经百字·借字》云："己所难措，假手于人，不必亲行，坐享其利；甚至以敌借敌，借敌之借，使敌不知而终为借，使敌既知而不得不为我借，则借法巧也。"借他人之力为自己图谋，是做人的一个重要策略。

被社会承认，是人的正当追求，对社会进步也有积极意义，而借助名人提高自己的社会知名度，就是被社会所承认的方式之一。同时这也是寻找"朋友"、建立新关系的策略，不失为做人处世的一种好方法。

许多商业广告喜欢用名人而不惜重金，实际上就是借力策略的应用。有头有脸的人都喜欢用的东西，普通人心理上容易认同："我和 ×× 用的是同一个品牌的。"从人类的心理上讲，人们往往都倾向于这一点，认为自己找对了"路子"。因此，同样是消费，多一层名人的光环，自然很多人愿意借这个光。

商业上的成败是由细节决定的，很多时候会出现这种情况：明知道过了这一关后，可以挣大把大把的钱，但往往就在这一关口上卡住了，这个时候如有贵人相助，接下来就一帆风顺了。

太平天国起事后，所到之处，摧毁一切孔庙、佛寺、道观、岳王庙、关帝庙，焚毁古书，将中国传统文化横扫净尽，引起了读书人的极大恐慌。

清廷任命曾国藩为团练大臣后，希望他举起"勤王"的大旗，保卫大清。曾国藩知道，当时社会各阶层普遍对清王朝不满，打"勤王"的大旗，借清廷的声望，无法号召有志之士。怎么办呢？曾国藩有办法。他举起了另一面大旗，即"卫道”，也就是保卫传统文化。

曾国藩发表了《讨粤匪檄》。在这篇檄文里，他说太平天国之乱“举中国数千年礼义人伦诗书典则，一旦扫地荡尽。此岂独我大清之变，乃开辟以来名教之奇变，我孔子、孟子之所痛哭于九原”，接着他号召“凡读书识字者，又乌可袖手安坐，不思一为之所也”。

孔子、孟子是读书人心中的圣人，曾国藩借助他们的声望，打动并吸纳了千千万万才学兼优的读书人，这为他日后的成功奠定了坚实的基础。

大部分人都有结交名人之心，谁不希望认识一些声名显赫的朋友、明星或者行业内精英人物。如果能跻身于他们的行列，自己也便进入了上流圈层，在别人眼里也就身价大增了。

翻开历史史册，古往今来的成功者，谁都不是一生下来就大名鼎鼎，一出山就风光耀眼，一呼百应的。他们大多数总是先隐蔽在某些大人物的后面，借他们的面子来笼络各路豪杰，借他们的声望来壮大自己的声势。

巧借他人的力量和威名以达到自己的目的，这是一种韬略。借权贵名流为自己所用，只是借光的常见形式，实际上凡是能让我们为人做事增光添彩的人、物、事、情，都是借光的范围。那么，在现实生活中，什么东西是可以“借光”的呢？

（1）巧借闻名地点。如有地位有身份的人常去的地方，你不要不好意思表白，这也可以作为提高你的身份和能力的资本。

（2）巧借名人。如在交谈中常出现一些比较具有社会影响力的人物的名字，你在别人眼里就不同寻常。

（3）巧借名言。如请社会名流为你题词作画，请专家教授为你著的书作序，请明星为你签个名，等等。一个有声望的人即使把平淡的一个字送给了你，也要比一千个普通人长篇大论地给予你的赞美更有威力。

（4）巧用籍贯。北洋政府时期前后有七个总统及执政首脑，他们中有六个是行伍出身，唯有徐世昌是无一兵一卒之文人。徐世昌以翰林起家，攀附袁世凯，投其所好，因缘际会，扶摇直上，最终跻身总统宝座。

徐世昌，生于河南，城内的双龙巷是他出生地和少年时代活动的地方，算是他的第一个籍贯；据徐氏家谱考证，徐世昌的远祖明朝末年居住在浙江，这是他的第二个籍贯；乾隆年间，徐家又从北京移居天津。徐世昌认为北京是他的第三个籍贯，天津是他的第四个籍贯。

可能很多人觉得有这么多籍贯是麻烦的事，而徐世昌却利用自己的籍贯大做文章：他跟袁世凯论河南同乡，跟冯国璋、曹锟论直隶同乡、与钱能训、孙宝琦论浙江同乡。涉足社会，处处得到同乡的帮助。

综上所述，借光的办法很多，“光”的来头也千奇百怪。我们应当多用心挖掘。有些人、物、事、情，看起来与你八杆子打不着，可只要动足脑筋，便会有文章可做。

登门拜访，巩固老朋友，认识新朋友

有的人总怕麻烦，不愿意打扰别人，所以一年半载也不会去朋友家做客。殊不知，登门拜访，叙叙旧，不但能维护你们之间的关系，也能和他及其家人成为朋友，可能会有很多意想不到的收获呢。

关于拜访的好处有很多：

（1）在家里谈话比在公共场所气氛容易融洽，使双方都在一种无拘无束的氛围里面畅所欲言，并且比较容易接触到彼此的私生活，给大家的友谊发展做了更进一层的铺垫。如果能够常到对方住处去拜访，双方的关系会很快地密切起来。

（2）到对方住处去拜访，还能有机会接近他的家人。如果我们同时也结识了他的父母、兄弟姊妹、妻子儿女，或是和他同住的亲戚朋友，那么，我们与对方的关系就更和睦、更巩固了。古语说“君子爱屋及乌”，如果我们对一个人真有好感，我们必定会对他的亲人和挚友同样产生兴趣的。

（3）容易对对方有较深刻的认识。因为对方所住的地方、对方的家人和对方家里的布置装饰等，都会使我们更加深入地认识对方、了解对方。譬如，对方家里有电子琴或高级音响，那多少可以知道他对音乐有兴趣。从对方所有唱碟的种类，又可以看出对方喜欢哪一种音乐，是古典音乐还是流行音乐，是中国音乐还是外国音乐。此外，对方墙上所挂的图画、相片以及他所有的书籍、报刊杂志、小摆设、纪念品等，都可以增进我们对他的认识。有时，对方向我们解说他的相册，我们对他的过去也会有更多的了解。

拜访朋友，会给你带来很多好处，但是拜访一定要注意时间的合适性、交谈的共同性、彼此的融洽性等问题。

1. 选择合适的拜访时间

应尽量避免占用对方的休假日或午休时间，如果没有急事，应避免在清晨或夜间去拜访。拜访之前，最好以电话或短信方式与对方联系，约定一个时间，使被访者有所准备，不要做“不速之客”。

最好讲明此次拜访需占用对方多长时间，以便对方安排好自己的事情。凡是约定的时间要严格遵守，提前5分钟或准时到达，以免对方等得不耐烦。如果因特殊情况不能前往，应及时通知对方，轻易失约是极不礼貌的。

拜访对方最合适的时间多半是在休息日的下午、工作日的晚饭后。避免在对方吃晚饭的时间去找他。如果对方有午睡的习惯，也不要在午饭后去找他。当然，更不要在对方临睡的时候去找他，一般在晚上九点之后就不适宜去拜访了。如果在晚上十点后还去找人，你会被认为不礼貌。

一般人最容易犯的毛病就是过于重视自己的事情，如果得不到圆满的解决就无限制地拖延下去。结果耽误他人的时间，扰乱他人的生活秩序，使他人产生不良的印象。因此，很容易破坏彼此刚建立起来的友谊。

2. 拜访时的寒暄不能忽视

拜访对方时要多利用寒暄，它是人们之间尤其陌生人见面时的必要桥梁。寒暄，更为争分夺秒者赢得必要的准备时间，积蓄积极进攻或防守的力量，为双方驱走冬日的严寒。由此可见，寒暄并不是使人“寒”，而是给人“暖”。

采访陈景润的湖北记者就深谙此理。他们与陈景润的夫人由昆寒暄的第一句话是：“听说您是我们湖北人，怎么普通话说得这么好啊？”由昆喜悦地回答：“是吗？我跟湖北人还是讲湖北话呢！”于是，双方都沉浸在“老乡”相识的愉快之中，话语自然多起来，气氛也活跃得多，这正是采访者所需要的。倘若语言生硬，采访者怎么可能了解科学家的家庭生活呢？

3. 客套话少不了，也多不得

拜访朋友时，免不了说一些客套话，但是客套话一般只作为开场白，不宜过长，因为过于客气会使人产生陌生感。朋友初次见面略叙客套后，第二次、第三次的见面就应竭力少用那些“阁下”“府上”等名词，如果一直用下去，则真挚的友谊必然无法建立。客气话的“生产过剩”，必然损害轻松的气氛。

客气话是表示你的恭敬或感激，不是用来敷衍朋友的。如果拜访对象是熟人、老朋友，滥用客套话，使彼此保持“过远”的距离，就会让双方都感到别扭、不舒服，甚至还可能导致相互猜疑，产生误会。长此以往，还会影响你们之间正常的友谊。

拜访比自己级别高的人，或握有某种权势、拥有某种优势的人，不宜靠得很近，至于拍拍打打之举更不可随便用。否则，对方就会认为你是与他“套近乎”，或者引起对方厌烦，或者让对方瞧不起你，或者引起旁人的嫉妒等，影响拜访效果。

4. 说一些平常的话

著名作家丁·马菲说过：“尽量不说意义深远及新奇的话语，而以身旁的琐事为话题作开端，是促进人际关系成功的钥匙。”

一味地说一些令人不懂或令人感到吃惊的话，容易使人产生华而不实、锋芒毕露的感觉。受人支持与信赖的人，大多并不是靠一鸣惊人博得他人喜爱的人。

5. 尽量谈一些共同的话题

人们有这样一种心理特性，即往往不知不觉地因同伴意识、同族意识等而亲密地联结在一起，同乡校友会的产生正是因此。

若是女性，也常因血型、爱好等相同产生共鸣。如果你想得到对方的好感，那就找出与对方拥有的某种共同点，尽量谈一些共同的话题，这样即使是初次登门拜访，无形之中也会涌起亲近感。一旦缩短彼此心理的距离，双方很容易推心置腹。

6. 不妨谈一些对方的成就

任何人都有自鸣得意的事情，但是，再得意、再自傲的事情，如果没有他人的询问，自己说起来也无优越感。因此，你若能在拜访时恰到好处地提出一些问题，一定能使对方欣喜，并愿意敞开心扉畅所欲言，你与他的关系也会亲密起来。

心理学家认为：人是这样一种动物，他们往往不满足自己的现状，然而又无法加以突变，因此只能各自持有一种幻想中的形象或期待中的盼望。他们在人际交往中非常希望他人对自己的评价是正面的，例如，胖人希望看起来瘦一些，老人愿意显得年轻些，急欲晋升的人期待实现的那一天等。所以，去拜访别人的时候，要察言观色、投其所好，引导对方谈一些对方得意的事情，并时时给予好的评价。

7. 表现出自己对对方的重视

表现出自己关心对方，必然能赢得对方的好感。卡耐基认为：在招待他人或是主动邀请他人见面时，事先应该多搜集对方的资料。这不仅是一种礼貌，而且可以满足他人的要求，使他人感受到你的关心和热忱。记住对方说过的话，事后再提出来当话题，也是表示关心的做法之一，尤其是兴趣、嗜好、梦想等，对对方来说，都是重要、有趣的事情。一旦提出来作为话题，对方一定觉得开心。

拜访时，我们还要注意以下九点：

（1）进门前要敲门或出声打招呼。冒昧地闯入房门会使主人措手不及，让主人觉得你缺乏教养。

（2）初次相见，要注重自己的仪表，不然别人会产生不悦之感。若有必要，给老人或小孩带点小礼品，礼轻情义重。

（3）如果带着小孩登门，应看好孩子，不要让他乱闹乱翻。若主人用瓜子、糖果招待，应尽量注意房间卫生。

（4）做客要有时间观念，有话则长，无话则短，不要东拉西扯，废话不断，否则会使主人不耐烦。

（5）不要乱翻乱动主人的东西，甚至乱闯主人卧室。这样并非亲热之举，而是对主人不尊重，若触及人家隐私，岂不彼此都尴尬？

（6）若主人想留你吃饭，应考虑是否有必要；当和主人一起进餐时，女性则应注意不要“太淑女”，男性也不应狼吞虎咽，旁若无人。

（7）做客既不要过于拘束，也不要轻浮高傲，落落大方才是做客应有的风范。

（8）告别主人时，应对主人的款待表示感谢，如有长辈在家，应向长辈告辞。

（9）若主人送出大门要及时请他们留步。切忌在门口废话太多、拖拖拉拉，使主人在门外站立过久。

帮人挽面子，自己赚人气

在人多的场合，常常会有各种意想不到的情况让某些人觉得下不来台。这种时候如果你能巧妙地帮别人下台阶，既可以为对方挽回面子，缓和紧张尴尬的气氛，还能让在场的其他人称赞你会维护场面。谁都愿意和懂得维护场面而不是拆台的人交往。

当你要帮他人挽回面子的时候，不妨试试下面这些办法：

1. 给对方寻找一个善意的动机

装作不理解对方尴尬举动的真实含义，故意给对方找一个善意的行为动机，给对方铺一个台阶下。

一天中午，一位老师路过学校后操场时，发现前两天帮助搬运实验器材的几位同学正拿着一枚实验室特有的凸透镜在阳光下做“聚焦”实验。当时他就想：他们哪儿来的透镜？难道是在搬迁时趁人不备拿了一枚？实验室正丢了一枚。我是上去问个究竟还是视而不见绕道而去？……

正在老师为难之时，同学们发现了他，从同学们慌乱的神情中他肯定了自己的判断，当时的空气就像凝固了似的。但是他很快想出了一条妙计，笑着说：“哟，这透镜找到了！谢谢你们！昨天我到实验室准备实验，发现少了一枚透镜，我想大概是搬迁过程中丢失了，我沿途找了好几遍都未能找到，谢谢你们帮我找到了这枚透镜。这样吧，你们继续实验，下午还给我也不迟。”同学们轻松地点了点头，尴尬的局面就这样被轻松化解了。

这位老师采用了故意曲解的方法，装作不懂学生的真实意图，反而认为是学生们帮助自己找到了透镜，将责怪化成了感激，自然令学生在摆脱尴尬的同时又羞愧不已。

2. 顺势而为

有时遇到意想不到的尴尬情景，不妨顺势而为，发挥幽默的力量，既不失礼于人，也体现了自己的风度。

一位少年刚刚学会骑自行车，刚蹬了没几下，突然看到前面有一位正在过路的老人。少年情急之下忘记了刹车，而是反射性地连声高喊着："别动，别动！"

那老人站住后，还是被他撞倒了。少年赶忙扶起老人，连连道歉。老人却幽默地说："原来你叫我'别动'，是为了瞄准我呀！"

3. 委过于不在现场的第三者

故意将对方的责任归于不在现场的他人，主动地为对方寻找遮掩不妥行为的借口。

一位顾客在商场里买了一件外衣之后，要求退货。衣服她已经穿过一次并且洗过，可她坚持说"绝对没穿过"，要求退货。

售货员检查了外衣，发现有明显的干洗过的痕迹。但是，直截了当地向顾客说明这一点，顾客是绝不会轻易承认的，因为她已经说过"绝对没穿过"，而且精心地伪装过。

于是，售货员说：“我很想知道是否你们家的某个人把这件衣服错送到干洗店去过，我记得不久前在我身上也发生过同样的事情。我把一件刚买的衣服和其他衣服堆在一块，结果我丈夫没注意，把这件新衣服和一堆脏衣服一股脑地塞进了洗衣机。我觉得可能您也会遇到这种事情，因为这件衣服的确看得出洗过的痕迹。您不信的话，咱们可以跟其他衣服比一比。”

顾客心虚，知道无可辩驳，而售货员又为她的错误准备了借口，给了她一个台阶下，于是她顺水推舟，乖乖地收起衣服走了。

总之，在人际交往的过程中，一个会帮别人留面子、挽面子的人会让众人心里都舒服，也会让他的人际关系越来越好。聪明人都懂得利用帮助别人挽回面子的机会为自己赚得人气，你也一定要学一学！

第六章

宴请宾客：餐桌上的社交技巧

宴请“地理学”，选择地点有门道

稍有经验的职场人都知道，一次成功的宴请，不仅要找到合适的理由让对方赴宴，更要选对合适的宴请地点，这样既可以勾起被邀请者的兴致，又可以让大家在愉悦的环境中享受宴请。因此，在宴请他人之前，我们必须好好研究一下这种特定的“地理学”。

通常，选择宴请的地点，要根据主人意愿、邀请的对象、活动性质、规模大小及形式、商谈的内容等因素来确定。一场宴会，你所宴请的对象可能不止一两个，要想让一种宴会环境满足所有与宴者的心理要求是很难的，这就要求我们尽量满足大多数与宴者的客观要求。

为了表示主人对客人的敬重，宴请可选在传统名店或星级饭店，甚至专选四星级、五星级饭店中进行；为了显示主人的热情和主客之间亲密无间的情谊，有的宴请要安排在主人家里。邀请世界财富500强的跨国公司的总裁吃早餐，当然不能安排到街边的早点铺，甚至普通的酒店，甚至五星级酒店的大堂餐厅也不行。

一般五星级酒店都有行政楼层，行政楼层都会有单独的餐厅、酒廊或会议室，安排在行政楼层的这些地方，既隐秘又安静，服务也远比在大餐厅里好。

同时，确定宴请地点时还应注意以下问题：

（1）询问你的客人是否有某些饮食方面的偏好，比如是否属于素食主义者或者是否爱吃鱼等，事前确保你选择的饭店符合客人的口味。

（2）选择大家都喜欢的地点就餐，重要的是让聚会中的每个人都有宾至如归的感觉。

（3）请熟悉人去以前没去过的饭店尝尝鲜、探探路等；而请不熟悉的和重要的客人要求对整个点菜、服务、质量等了然于胸，最好去熟悉的饭店。

（4）在确定宴请地点时，还要考虑周边环境、卫生、设施和交通状况等问题。

总之，选择应酬的场合是十分重要的，但并非一成不变，只要选择一个双方都适宜的地方，不论是办公室，还是酒楼、茶艺馆，都可以达到应酬的目的。

餐桌如战场，点菜如点兵

身为社会人，每个人上下班之后的饭局都不少，与人吃吃喝喝、拉近友谊、排遣压力、拓展人脉，等等。不要小瞧餐桌上的一些细节，它们很可能会在无形中决定一些事情发展的走向。尤其是餐桌上的“点菜文化”，更是一门非常深的学问。可以迅速提升你在别人心中的好感。可以说，点菜，最能看出一个人最真实的层次。

常听人说：“餐桌如战场，点菜如点兵。”试想一下，如果去赴饭局，有人事先对就餐者的喜好做了功课，默默记下来忌口有哪些，这样面面俱到的贴心服务是不是给人一种如沐春风的感觉？

对于宴请宾客来说，当你坐在餐桌前的那一刹那，就应该在脑海中建立起点菜的基本守则。再三斟酌哪些菜可以选，哪些菜绝对不能选。一般来说，可以遵循“四优先四注意”的原则。

1. 四优先

（1）优先选择主人的拿手菜。在举办家宴时，主人一定要当众露上一手，多做几个自己的拿手菜。其实，所谓的拿手菜不一定十全十美。只要主人动手为客人烧菜，单凭这一条，就会让对方感觉到你的尊重和友好。

（2）优先点具有本地特色的菜肴。中国的饮食文化极为丰富，各地都有自己的特色菜肴，各大菜系也有自己的特色菜，这些菜品是一种招牌，更是一种特别的体验。比如北京烤鸭、河南的道口烧鸡、内蒙古的手扒羊肉、西安的羊肉泡馍、湖南的毛家红烧肉……这些菜都可以给人留下深刻的印象，吃菜的同时也能够体会一番地域饮食文化。

（3）优先点中餐特色的菜肴。酒店里的特色菜肴一般都符合大众的口味，而且具有代表性。如果宴请对象是外国朋友，这一条尤其需要重视，也许你点的菜并不是最名贵的菜，只是水煮肉片、饺子、宫保鸡丁等普通的菜肴，但因为它们的鲜明特色，依然能够博得满堂喝彩。

（4）优先点餐馆的特色菜。随着竞争的加剧，很多餐馆都会推出自己的特色菜，作为和其他餐馆的差异化竞争手段来吸引顾客。这类特色菜是餐馆最具代表性的作品，点这类菜也会给客人带来惊喜。

4. 四注意

在安排菜单时，还必须考虑来宾的饮食禁忌，特别是对主宾的饮食禁忌要高度重视。这些饮食方面的禁忌主要有以下四个方面。

（1）注意宗教饮食忌讳。比如佛教徒不吃肉，也不吃葱、姜、芥末等刺激性食物；穆斯林不吃猪肉、不喝酒。这些都是最基本的原则，如果不加以特别注意，必然会招致客人的恼怒。

（2）注意健康的忌讳。有些人身体存在健康问题，心脏病、脑血管病患者不宜食用辛辣刺激的食物；肝炎病人不宜食用羊肉、蛋黄、甲鱼等；痛风患者不宜食用嘌呤过高的食物；等等。

（3）注意不同地区人的饮食习惯。比如湖南人不喜欢吃甜，欧洲人不喜欢吃动物内脏，点餐的时候不注意，最后也可能会导致不欢而散。

（4）注意职业要求。比如高空作业者或者驾驶员在工作期间不能饮酒，如果忽略了这一点，会让客人犯错，同样会招致不满。

商务宴请，座次安排有讲究

商务宴请，座次安排也非常有讲究。中国是礼仪大国，大宴小酌，杯茶清谈，都讲究让座之礼。餐桌礼仪处理得好，既能让客人感觉舒适，又能融洽宾主关系，还能突显出作为主人的你礼数有加。

可以说，座次安排是一项十分讲究并且具有艺术性的内容，那么如何进行安排呢？有以下几点原则可以作为参考。

1. 以右为尊

在宴请宾客时，要按照“右高左低”的角度来安排大家的座位。主人会让客人坐在靠右边的位置，然后主人陪坐在左边。因为餐厅上菜的时候往往是顺时针上菜，这样的话，一盘菜上来，按照顺时针的顺序，客人可以先一步尝到美味，然后主人再品菜。

2. 以面对正门的座位为上座

在包间里安排座位的时候，一般是以面对正门的座位为上座。平时我们在外吃饭时也可以注意到，被宴请的主要宾客都坐在面对着正门的位置，这可以体现出对宴请宾客的尊重。

3. 以距离正门较远的位置为上座

以宴会为例，一般都在大型宴会厅举办宴席，人多的时候通常要摆几十桌甚至是上百桌，这个时候，座位的安排也尤为重要。要以距离宴会厅正门较远的座位作为上座，而且距离正门越远的地方，座位越高贵。

4. 以靠近墙的座位为尊位

几个人去餐厅吃饭，势必会有着靠近过道的座位以及靠近内墙的座位。通常情况下，懂得就餐座位礼仪的人会让别人坐在靠近内墙的位置，自己坐在靠近过道的位置。

这样做的目的是避免来回过人会打扰到其他人，避免服务员上菜时带来的不便，同时也会让同行的人体会到你的礼貌以及无微不至的关怀。

5. 主随客便，客随主便

主随客便，客人若是自行入座，可请座，但不必强让；客随主便，主人请客，该如何入座，悉听主人安排即可，不必过分推让。

劝君更进一杯酒，贵客新朋皆故人

宴会应酬上，劝酒往往是酒宴上必不可少的一项内容。而这酒能不能劝得动，关键就在于你怎么说。更具体来说，劝酒的关键要看你用什么样的劝酒词。

劝酒词一般是在饮第一杯酒以前说的。劝酒词必须短小精悍，千万不能太长太啰唆。因为大家举杯，情绪高昂，要是啰唆半天，热乎劲儿就过了。

1. 说话紧扣宴会主题

一般说来，一个酒宴总有一个中心话题。一旦开始劝酒，就不要离题，要沿着一个主题，保持一个完整的结构，尽量要让大家都能举起酒杯，最好还要把你所祝愿的那个人或那些人的名字准确无误地、牢牢地记在脑子里。你的主题可以着眼于被祝愿的人的成就或品质、一件事情的重要意义、伙伴们的乐事、个人的成长或集体工作的益处，等等。无论说什么都要和那个场合相适应。

例如公司50周年年庆宴会上，公司负责人可以说："此时此刻，我从心里感谢诸位光临，我极为留恋过去的时光，因为有那么多我们一起携手并进的美好回忆。但愿今后的岁月也一如既往，来吧，让我们举杯，彼此赠送一个美好的祝愿。"

2. 尽可能地表现出文采

适当地引用诗词、典故，同时采用幽默的语言，能使讲话更有感染力。

1984年，缅甸总统吴山友访问上海，市长在劝酒词中引用了陈毅元帅《致缅甸友人》的诗句："我住江之头，君住江之尾，彼此情无限，共饮一江水。"

中缅交界只有一江之隔，两岸人民共饮一江水。市长亲切的祝酒词话，表达出了中缅两国人民之间的情谊，外宾听后十分高兴。

商务宴请时的劝酒词，也应添加一些文化性的辞藻，渲染彼此的深厚情谊。

3. 适时进行联想

在劝酒时如能就地取材进行联想，就可以产生出乎意料的好效果，引发许多美好的想象，从而达到使人愉悦、振奋的目的。例如你可以端起一杯矿泉水，在答谢客户的聚会上说："俗话说，如鱼得水，看见这杯矿泉水使我想起我们的友谊。鱼儿离不开水啊，正因为有了深厚的友谊，才使我们顺利地在艰苦的生活中成长起来。现在我们又建立了更紧密的合作关系，更是如鱼得水。相信今后我们的友谊将会与日俱增。我建议为友谊干杯！”

4. 真诚地赞美对方

多说赞美之词，人对于赞美的抵抗力往往是微弱的，特别是在酒桌上，热闹的气氛使得人的虚荣心很容易膨胀起来，而虚荣心一膨胀人就免不了要做出一些超出常规的“豪壮之举”。

5. 强调宴请的特殊意义

劝酒者在劝酒时不妨多强调一下此宴请的特殊性，比如场合的重要性、特殊性，指出它对于对方的价值与意义，这样既能激发对方的喜悦感、幸福感、荣誉感，又使他碍于特定的场合而不得不愉快地再饮一杯，还使得劝酒变为两人之间独特的情感交流方式。

6. 用反语激将对方

人都有自尊心，为了维护自己的自尊心，人有时很容易突破常规的框框做出某种强硬之举。在酒桌上也是一样，如果能恰到好处地使用反语刺激刺激对方的自尊，使其认识到不喝这杯酒将会多么损害自己的尊严，那么对方往往就会“豁出去了”，逞一回英雄。

7. 采用以退为进的方法

对于某些酒量委实有限的人，特别是女士，过分地勉强显然是不太好的，那么就不免在饮酒量上做些让步，自己喝一杯，别人喝一口，或改喝啤酒，以此来说服对方。

好酒酒香诱人，好酒还需好词劝。饮酒也是文化，尽管是在商务宴会这个相互角逐的场合中，主客之间也可以叙叙旧，谈谈生活，切磋技艺，交流思想，显现一副融洽亲切、高雅欢快的场面。

把盏不想强欢笑，巧妙拒酒显风流

在举行宴会时，少不了这样一个场面：大家都乘兴举杯而饮。但由于每个人的酒量都有一定限度，如能喝得适量自然是有益无害的。因此，面对对方的盛情相劝，被劝酒者还需巧妙地拒绝，否则自己就要遭罪了。

庞梅梅是公司的策划部经理，平时和客户打交道很多，许多公司安排的酒宴上都会安排她和市场部经理一起出席，以便和客户进一步沟通策划方案细节。刚开始参加这种酒宴的时候，客户每次敬酒，庞梅梅都不好意思拒绝，被客户灌醉，常常误了正事。

市场部经理大为不满，庞梅梅自己也觉得委屈。庞梅梅把这事向好友抱怨，好友却说她酒量不好就该拒绝，不能逞强，不仅对自己身体不好，还误了正事，出力不讨好。在酒宴久经沙场的好友就教了她几招拒酒法。在后来的酒宴中，庞梅梅就很少出现被灌醉的事情了。

可见，学会巧妙地拒酒，不但使自己免受肠胃之苦，而且不会让对方觉得你不给面子，更不至于伤了和气，坏了事情，真正达到“杯酒也尽欢”的和谐局面。

这里，向大家介绍几种不错的拒酒方式：

1. 提及过度喝酒后果

作为被动者，当酒量喝到一半有余时，应向东道主或劝酒者说明情况。如："感谢你对我的一片盛情，我原本只有三两酒量，今天因喝得格外称心，多贪了几杯，再喝就'不对劲'了，还望你能体谅。"如此开脱以后，就再也不要喝了。这种实实在在地说明后果和隐患的拒酒术，只要劝酒者明白"乐极生悲"的道理，善解人意者，就会见好就收。

2. 把身体健康作为挡箭牌

喝酒是为了交流情感，也是为了身心的愉悦。如果为了喝酒而喝酒，以至于折腾了身体、损害了健康，这是谁都不愿意看到的。因此，我们可以以身体不舒服或是患有某种忌酒的疾病（如肝脏不好、高血压、心脏病等）为理由，拒绝对方的劝酒，这样对方无论如何都不好再强求了。

3. 挑对方劝酒语中的毛病

对方劝我方喝酒，总得找个理由，而这理由有时是靠不住的。特别是一些并不太高明的劝酒者，其劝酒语中往往会有不少漏洞可抓。抓住这些漏洞，分析其中道理，最后证明应该喝酒的不是我方，而是对方，或者是其他人，总之到最后不了了之。只要这漏洞抓得准，分析得又有理有据，那么对方就无话可说，只好放弃了这位难对付的"劝酒对象"。

4. 以家人不同意为由

一般来说，以爱人的禁止为由拒酒往往容易让对方觉得你在找借口推脱，这是因为他想象不到这个问题对你有多么严重。因此，你必须在拒酒时讲得真实生动，把自己不听"禁令"的后果展示一番，让对方感到让你喝酒真的是等于害了你，那么他也就停止劝酒了。

可以说，把理由讲得真实可信是使用此方式拒酒的关键之处。你可以说：“我爱人一闻我满口酒气就和我翻脸。我不骗你，所以你如果是真为我着想，那我们就以茶代酒吧！”这样一说，对方也就无话可说了。

学会了以上四个拒酒术，你也就从此免除了酒精对你身体的深入荼毒，顺利达到“杯酒也尽欢”的境界，完成了一次宾主尽欢的宴会应酬。

酒桌上，会听话更要会说话

酒作为一种交际媒介，在迎宾送客、结婚生子、朋友聚会、传递友情、求人办事等方面都发挥了独到的作用。在中国，几乎做任何事情都少不了要请客吃饭。

在酒桌上，大家伴随酒精的刺激，很容易情绪高涨畅所欲言。每个人都有说不完的话题，真的、假的，虚的、实的，心里的、心外的，该说的、不该说的……弄不好都会毫无防备地倒出来。

但正是因为毫无防备，所以有时能让有心者在这些话中挑出问题，甚至严重到刀戈相向的地步。所以，无论是宴请他人，还是自己赴宴，探索一下酒桌上说话的“奥妙”都是很有必要的。总体来讲，在酒桌上说话时，以下三点必须注意：

1. 独乐不如共乐，忌窃窃私语

大多数酒宴宾客都较多，所以应尽量多谈论一些大部分人能够参与的话题，得到多数人的认同。由于个人的兴趣爱好、知识面不同，因此话题不要太偏，避免出现唯我独尊，神侃无边的现象，而忽略了众人。特别是尽量不要与人贴耳小声私语，给别人一种神秘感，这样往往会让人产生“就你俩好”的嫉妒心理，影响宴会的效果。

2. 语言诙谐幽默

酒桌上可以显示出一个人的才华、学识、修养和交际风度，有时一句诙谐幽默的语言，会给别人留下很深的印象，使人无形中对你产生好感。但是在一些正式场合还是需要有所顾忌，如“客人喝酒就得醉，要不主人多惭愧”“喝酒不喝白，感情上不来”“量小非君子，无毒不丈夫”“人在江湖走，哪能不喝酒”“宁可胃上烂个洞，不叫感情裂条缝”等内容，虽然语言诙谐，或许能起到调节宴会气氛的效果，但因为格调不高，还是不用为妙，否则只能让在座人士对你的印象大打折扣。

3. 在交谈中察言观色

要想在酒桌上得到大家的赞赏，就必须学会在交谈中察言观色。因为与人交际就要了解人心，只有左右逢源，才能演好酒桌上的角色。

总之，在酒桌上把话说好才能办成事，不顾后果的胡言乱语只会坏事。

宴会收尾时应注意的细节

俗话说，“编筐编篓，重在收口”。宴会也不例外。宴会虽然结束了，也有很多需要注意的地方，做好这些，会让你在宴请对象心中留下一个好印象。

有很多人不重视宴会结束时的小细节，使自己之前费尽心思保持的好形象瞬间崩塌。那么，宴会结束时应该注意哪些细节呢？

1. 宴会结束的时间

对于赴宴者来说，当主人把餐巾放在桌子上，或者主人从餐桌旁站起身来，即表明宴会结束。看到这种信号以后，宾客才可以把自己的餐巾放下，然后起身。

正餐之后的酒会的告辞时间按常识而定，如果酒会不是在周末举行，那就意味着告辞时间应在晚间十一时至午夜之间。若是周末，则可晚一些。除非客人是主人的亲密朋友，否则一般都不应在酒会的最后阶段还坐在那里。

2. 离席的先后顺序

当宴会结束，离开餐桌时，不应把坐椅拉开就走，而应把椅子再挪回原处；男士应该帮助身边的女士移开坐椅，然后再把坐椅放回餐桌边；离席时让身份高者、年长者和女士先走，贵宾一般是第一位告辞的人。

要注意，有些餐厅比较拥挤，不要贸然起身，否则会使手提包、衣服等掉落在地上，或是碰到人，打翻茶水、菜肴，既失礼又尴尬。

3. 热情话别

当宾客离去时，宴会主人应像迎接宾客一样地站在门口与他们一一握别。当宾客成群离去时，也应送至门口，挥手互道晚安，并应致意说："非常感谢各位的光临，真谢谢你们把宴会的气氛维持得这样好。"

不要以时间过早挽留客人。如果是星期天晚上，你尤其不宜说："现在还早得很，你绝不能这么早走，太不给我面子了！"要知道多数人次晨都要早起。而对于一些迟迟不肯离去的客人，这时你可停止斟酒或停止供糖果瓜子等，以此暗示客人该是回去歇息的时候了。

此外，有的主人为每位出席者备有一份小纪念品。宴会结束时，主人应招呼客人带上。

第七章

职场社交：职场达人的修炼术

令出要如山，树立领导者的威严

《韩非子·有度》有云："国无常强，无常弱。奉法者强，则国强；奉法者弱，则国弱。"告诉了领导者这样一个道理：国家没有固定不变的强盛，也没有永久不变的弱小。执行法令的人坚强，那么国家就强盛；执行法令的人软弱，那么国家就衰弱。

自古以来，凡有大成者，都特别讲究法令规矩，没有规矩不成方圆，领导者的威严就是从他们的属下对其所立下的法令规矩的严格执行中体现出来的。

王小姐在一家公司工作，颇受经理信赖。有一次，经理交待给她一项工作，但她认为那是件无意义的工作，内心非常抗拒，一直拖着不去做，经理打来电话问，她很坦白地说没去执行。经理的口气越来越严厉，毫无征兆地劈头盖脸训斥了她一顿。她不敢抬头，怕眼泪会不可抑制地流下来。经理说了什么她都没听进去，只听到最后他很努力地放缓语气说：“站在管理者的角度，你应该明白，会上确定的东西就应该执行，所以必须按规定进行处罚。”那一刻王小姐终于明白了什么叫后悔。

国有国法，家有家规，每个公司也必须有自己的一套规章制度。曾国藩指出，军队以法令律例为治兵的根本，而令行禁止、言出必果更是他治军成功的关键。

为建立一支有战斗力的军队。曾国藩为军队制定了许多法令规矩，这些法令规矩的最终目的就是要把孔孟“仁”“礼”思想贯穿于士兵的头脑之中，把封建伦理观念同尊卑等级观念融合在一块，将军法、军规与家法、家规结合起来，用父子、兄弟、师生、友朋等亲谊关系，强化上下尊卑之间的关系，使士兵或下级更加尊敬长官、服从长官、维护长官，为长官出生入死、卖命捐躯在所不惜。

作为领导者，既要显示自己的威严，又要笼络人心，最难把握的是对属下宜宽还是宜严。不少人担心宽则无纪，使人养成松弛浮躁的惰习；严则失人心，使人畏惧而疏远。那么究竟严一些好还是宽一些好呢？正确的管理下属的方法就是寓严于宽。

领导者应该以宽厚待人，对所有的属下做到一视同仁，不能分薄厚，亦不能分远近，要用对待亲兄弟、亲子女那样的仁爱之心来关注属下的成长，使属下感受到你这个大家庭的温暖与和睦，也感觉到在这里做事前途无量。

但是，这些都不能代替“严”字。宽厚之外，领导者要有威严，以威严建信誉。对于属下则要求要举止庄严，办事严谨，有法必依，有法必行，这样做的目的在于要精心地培养他们。使他们永远不会满足于已经掌握的知识与本领，不会因松弛懈怠导致工作失误，更不会因虚度时光而后悔自责。这种严格的约束、督责实际上都出自于爱护，一日被下属理解，他们就会认为这种威严是合情合理的，这种领导者是自己的良师益友。

需要说明的是，领导者的威严要从平常做起，使之深入人心才会有效。如果平时不严，临时严厉则根本难以生效。

曾国藩在靖港战役中见到湘军不敢逆敌、掉头逃跑的情景，他在心里十分着急，于是严令手下在大路当中竖起令旗，大声咆哮：“过旗者斩！”令出之后，湘勇畏惧果然不敢通过令旗，但他们想方设法地绕过令旗，还是逃得无影无踪了，可见临时发威的严法并不起作用。但是，当他立志整顿湘军军纪时，他先写了《爱民歌》，让湘军当作识字教本，边学习，边执行，而且身体力行，达到“说法点顽石之头，苦口泣杜鹃之血”的程度，使爱民的思想深人人心，再对不守纪、扰民违纪者进行严肃处理，这样，湘军的纪律大大地好转起来。

由此可见，“宽”与“严”实际上并非只是一个事物中的两个对立面，它们是辩证统一的关系。没有宽，严则无效；没有严，宽必失当。只有将严寓于宽之中，将宽包围在严之外，即严在情理之中，才能取得良效。

那么，如何使发出的指令得到最有效的施行，这对几乎所有的领导者都是一个至关紧要的课题，它直接关系到权力的影响度和威信的分量。因此，发号施令要遵循如下规则：

1. 一言既出，驷马难追

智者接触别人，小心言行，不为防人，只为防口。人之口舌软而无规，人与人之间，舌之作用可当得半个人，身处高位的人，一咳嗽一眨眼都能引起众人注意。当年布什总统访日，于席间昏倒，立刻影响到华尔街股市价格。

鉴于此，领导者，尤其是身处高位的人应时时修正自己的言行。那些轻视这个道理与原则的人，必定会引起群体舆论的攻击，因而遭受不该遭受的困扰。因为，地位越高的人，他们在外的名声越是属于他人或整个社会。

2. 谨言慎行

智者举步，千里睽睽。领导者的一举一动，必有相当多的人注目而视，此谓“船摇一尺，桅摆一丈”。因此我们说，领导者应该对自己的言行抱着戒惧、审慎的态度，才能名副金口玉言之实。

管理下属时，应软中有硬，宽严相济

人身体的构造，有坚硬的部分——骨骼等，也有柔软的部分——肌肉、软组织等，只有将二者有机结合，人才能灵活自由地从事多种活动。领导管理下属时，也应该软中有硬，宽严相济，从而达到最佳效果。

有的下属讨厌责骂，有的下属希望领导夸奖自己，他们会若无其事地说："我是那种不被别人捧就没有干劲的人，若被责骂的话，就辞职不干了！"只要你发现"这小子很狡猾"时，就不要紧追不放了，那时，你还弄不清楚你自己是为什么而发脾气。因此，当你对下属说："你来会议室一下。"花上几十分钟，你一面听他的辩解，一面指出他的错误之处，而在训斥之后，还应该强调"以后要更加小心"这句话。

上下级之间的感情交流，不怕波浪起伏，最忌平淡无味。有经验的领导在这个问题上，既敢于发火震怒，又有善后的本领——既能狂风暴雨，又能和风细雨。

具体说来，就是在硬的时候心要狠下来，要敢打，并且打在他的痛处；软的时候要够软，让下属体会到你对他们发自内心的关心。

比如，员工表现得好，领导就应公开给予表扬，使其在众员工面前脸上有光；反之，就私下批评，也使其有面子。领导只有这样，才能使其员工信心十足，努力为企业效力。

国内某公司一位高级主管，由于工作严重失误给公司造成了10多万的损失。这位高管十分害怕公司会追责并解雇他。

第二天，董事长把他叫进了办公室，通知他调任另一位同等重要的新职时，这位主管大吃一惊，他非常惊讶地问："为什么没有把我开除、降职？"董事长平静地回答："如果那样做的话，岂不是在你身上白花了10万元学费？"

这出人意料的一句激励话，使这位高级主管从心里产生了巨大动力。董事长的出发点是：如果给他继续工作的机会，他的进取心和才智有可能超过未受过挫折的常人。后来，这位高级主管果然以惊人的毅力和智慧，为该公司做出了卓著的贡献。

作为下属，当他出现失误后，本身肯定会自责，同时也在怀疑会不会因此而失去上司的信任。因为下属明白，上司对他失去信任将意味着什么。所以，在这个时候，上司在批评斥责之后，别忘了补上一两句安慰或鼓励的话。因为，任何人在遭受上司的批评之后，必然垂头丧气，对自己的信心丧失殆尽，心中难免会想：我在这个单位彻底完了，再也上不去了！如此造成的结果必然是他更加自暴自弃。

此时，假如作为上司的你能够既硬又柔，适时地利用一两句温馨的话来鼓励他，或在事后私下对其他下属表示：我看他有前途，所以才舍得骂他。如此，当受到斥责的下属听了这话以后，必会深深体会到“爱之深，责之切”的道理，肯定会更加发奋努力。

下属犯错误是难免的，领导应怎样去对待呢？那就要批评改正。批得轻，难以改正；批得重，容易形成对抗。领导的好办法就是演一场“萝卜加大棒”的批评戏。

（1）对认错误态度好的部下，点到为止，切不能伤其自尊心，使其丢了面子。对脸皮薄的部下，不可过于严厉，点到为止。

（2）当下属不愿认错时，领导者决不含糊，批评斥责的目的是使其改正缺点，今后不再重犯。因此，对不愿认错的部下，一定要严加斥责，让“大棒”唱主角，“萝卜”在后收场，对这样的部下，要先挫其傲气，要是过早给出“萝卜”，他还以为没事了，于是，更加不悔改了。

（3）批评他人必须掌握尺度，不能突破对方的心理承受能力。因为批评的目的是指出错在哪里，不是为个人出气，把他人整垮。批评者只是充满善意地向他人进忠告，忠告固然就该深刻，刺激信号应到位，力争让对方认识到过错的严重而幡然悔悟，但忠告必须使人能够忍受痛苦，自责、羞愧但不至于伤害自尊心。

所以，在管理下属的过程中，光有软的或硬的都不妥，最高明的则是软中有硬，软硬齐施，双管齐下，因人因事而采取相应的措施。

试着在“苦药”上抹点糖

很多人都觉得，领导者的批评就是“没事挑刺”。其实，那只是一些领导者不明智的做法。真正高明的批评，更多的是交流、引导和印证。

如果你希望你对下属的批评可以取得良好的效果，就要在方法上下足功夫。怎样批评，实际是一种说服的技巧，是一门沟通的艺术，目的在于打动对方，使得对方能认识到自己的错误，回到正确的轨道上，而不是贬低对方。因此即使你的动机是好的，是真心诚意的，也要注意方式和场合等问题。

国内外很多智人谋士，都是善用此道的人，从而以吹灰之力，达到自己的目的。美国总统柯立芝说女秘书的故事，就极为典型：

一位老总的秘书聪明又美丽，但工作却经常出错。一天，老总对她说：“你今天穿的这套衣服非常漂亮，与你漂亮的外貌非常搭。”女秘书听完受宠若惊。老总紧接着说：“我相信你同样能把工作处理得像你一样漂亮的。”从那天起，女秘书再也没出过错误。

良药苦口利于病，但在现实生活中，扶正匡谬的批评的确不为人所乐于接受，甚至成了难以下咽的“苦药”。

开展企业内的批评尤非易事，上下左右，利益利害；磕磕碰碰，枝蔓牵扯，批评几乎是犹抱琵琶半遮面。批评得好，人家接受；反之，麻烦缠身，成了“不受欢迎的人”。因此，批评要学会变“害”为“利”，使硬接触变成软着陆，即在“苦药”上抹点糖，看似失去了锋芒，但却药性不减。

王东进公司后升迁很快，不到两年就坐上了部门经理的位置，但是有个别下属不服他，有的甚至公开和他作对，张品就是其中的一位。

自从王东做了部门经理之后，张品经常迟到。一周5天，他甚至4天都迟到，按公司规定，迟到半小时就按旷工一天算，是要扣工资的。问题是，张品每次迟到都在半小时之内，所以无法按公司的规定进行处罚。王东知道自己必须采取办法制止张品这种行为，但又不能让矛盾加深。

王东把张品叫到办公室：“你最近总是来得比较迟，是不是有什么困难？”

“没有啊，堵车又不是我能控制的事情，再说我并没有违反公司的规定呀。”

“我没别的意思，你不要多心。”王东明显感觉到了对方的抵制情绪。

“如果经理没什么事，我就出去做事了。”

“等等，张品你家住在东城门附近吧？”

“是啊。”张品疑惑地看着对方。

“那正好，我家也在那个方向，以后你早上在东城门等我，我开车上班可以顺便带你一起来公司。”

没想到王东说的是这事，张品反而有些不好意思，喃喃地说：“不，不用了……你是经理，这样做不太合适。”

“没关系，我们是同事啊，帮这个忙是应该的。”王东的话让张品脸上突然觉得发烧，人家王东虽然当了经理，还能平等地看待自己，而自己这种消极的行为，实在是不应该。事后，张品虽然还是谢绝了王东的好意，但他此后再也不迟到了。

人都好面子，有上进心，没人愿意犯错误。所以，批评不宜当众进行，应该私下面对面沟通。而身为领导，从关心下属的角度出发，以“润物细无声”的方式引出问题所在，既不有损双方的关系，又能让下属意识到自己的问题所在，进而乐意接受你的批评，并很快地加以改正。所以批评的艺术可以被称之为一种为人处世的基本修养。

批评和骂人不同，它们之间有着本质的区别，骂人是气急败坏的表现，是无赖的表现，这不需要多大水平，在大街上扯个泼妇，肯定能骂得十分出彩。只是，骂人的行为除了让被骂者受伤，或者被路人耻笑之外，没有多少意义，而批评不同。批评的过程是批评者站在一个公正的立场，站在一定的高度，通过摆事实、讲道理来对人与事进行的一场论证过程，它应该有着严谨有力的逻辑。因此，我们是万万不可把骂人的行为扯进批评的范畴内。

批评别人，就要给别人服气的理由。作为批评者首先要加强自己本身的文化修养，对批评的人和事情，要有自己独到的眼光和见解，要公正地看待问题，而不能根据党同伐异的态度去行事。在批评的过程中，我们要保持自己个人的意识形态，有自己的鉴别能力。然后，通过自己对问题的看法，真诚地向批评对象提出自己的意见，并指明他应该去努力的方向。只要我们的见解是正确的，意见是真诚的，态度是诚恳的，别人又怎会不接受批评呢？

在批评的过程中，我们决不可以只批评不表扬，因为不管是人还是事，毕竟都还是有优点的。但这么说，也决不是鼓励大家在批评别人的时候先来一段表扬，在表扬以后再来一个“但是”，“但是”的后面加上一串批评，这样的批评只能让别人觉得虚假。比如领导要批评下属的懒惰行为，可以这样来批评：“你非常聪明，如果能勤奋点就更好了。”而不要这么说：“你很聪明，但是你很懒惰。”这两种批评方式看着没多大区别，但前一种批评方法在表扬中提出了自己对下属的要求，而后一种效果和第一种相比，下属更容易接受前一种方法。

“金无足赤，人无完人”，只要是人，就可能犯错误。其实，任何有上进心的人都不愿意犯错，要批评一个人的错误时，最好让对方感觉到自己的错误。批评的目的也是要帮助对方，而不是贬低对方的品格。因此批评以适可而止、给对方留有余地的程度为好，这会让对方感谢你的宽容。

与领导保持良好的关系

领导是一个单位企业的实权人物，是办公室里的核心人物。如果你是办公室里普通一员，你就必须学会处理与领导之间的关系。跟领导的关系处理不好，将可能影响到你的工作、薪资待遇，甚至前途等；处理好与领导之间的关系，你办任何事情就容易得多了。因为领导之所以成为领导，必然有你所不及的地方，有你所没有的权力，有其特别之处，这些都是需要你学习的地方。

那么，怎样才能与领导保持良好的关系呢？

1. 做好本职工作

任何一个领导都力争使自己主管的部门做出卓越的成绩，拿出一些光彩的东西来，这样，他就自然而然地需要一批兢兢业业、埋头苦干的下属为他创业绩。所以，要想成为领导的得力助手，就需要我们首先做好本职工作，有较强的敬业精神。这是我们和领导保持良好关系的根本所在。

2. 对工作要有耐心、恒心和毅力

时常听到一些老同志的告诫："年轻人要能吃苦，沉住气"，的确有一定道理。经常为眼前利益所动的人能安心工作吗？有些人凭热情工作，情绪来了就好好干一阵，但坚持不久，三分钟热度，没兴趣时应付应付了事，或者是三天打鱼两天晒网。在领导眼中，这样的下属是靠不住的。偶尔表现一把，"过把瘾就死"的下属是成不了大事的。

3. 苦干加巧干

勤勤恳恳、埋头苦干的敬业精神很值得提倡，但必须注意效率，注意工作方法。有很多人工作态度很积极，兢兢业业、忙忙碌碌一辈子，可就是没干出多少成绩，不仅没得到领导的提拔，反而在领导和同事中留下了“笨”的印象，实在可惜。

“苦干”是领导所看重的，但领导更喜欢巧干、高效率的下属。不妨设想一下，领导有同一项任务，交给甲需要一个月才能完成，交给乙可能仅需两周时间就完成，那么领导在用人时首先考虑的就可能是乙而不是甲。所以说苦干还要加上巧干，必须善于动脑子想办法，提高工作效率。

4. 敬业也要能干会“道”

“道”就是经过自己表白，让领导知道或感受到你所付出的努力。工作中只干不会说的人实在是太多了。领导所能目睹的你的工作最多限于“八小时以内”，在下属与领导分开办公的地方，领导对下属的工作了解就更少了。

有些人只顾埋头工作，工作完成后一交了事，与领导交流很少，缺乏沟通。有很多情况你不说出来，没有人会知道，而且领导一般都很繁忙，有这样那样的事包围着他。你加了几个班、费了多大劲、流了多少汗水、耽搁了自己多少事等，如果自己不主动说，领导一般都不会知道。

而同事是很少会在领导面前提你的情况，你所付出的汗水也就默默无闻的白白流掉了。这与老牛耕地情况不一样，老牛的一举一动，每一个步伐都能直接展现在扶犁者的眼前：哪头牛偷懒，马上就会挨鞭子；哪头牛努力，扶犁者也很清楚。聪明的下属要既会做又会说，这样你的能力和付出才会被你的领导所知晓，他才会给你机会，让你展示实力。

5. 把握时机托领导

托领导办私事时，应看准时机和把握火候，最好应先向他的秘书打听一下，他的心情好不好，如果他的心情不佳，就不要找他；工作繁忙时，不要找他；如果吃饭时间已到，也不要找他；休假前和度假刚返回时，也不要找他。因为在这些时间，你同他谈与工作不相干的问题，他多半会拒绝。凡他拒绝的事你若再提起，只会增加不愉快，还会给上司留下一个难缠的印象。托上司办私事时，选好时机是很重要的。

县针织厂的老许，两口子都是普通工人，也没有什么体面的亲戚，平时倒也不觉得有什么低人一等的感受。可这段时间，两口子都为儿子的升学问题愁眉苦脸。有人给他出点子，要他找厂长。不爱求人的老许只好硬着头皮去找厂长。

厂长刚处理完公事，同几个下属在聊天，老许觉得自己遇到了好时机，于是马上过去找厂长说话。

“厂长，我实在是没有办法，只好来求您了。厂里许多人都给我出点子说，只有您能帮我解脱困境。”老许首先把厂里工人抬出来，给厂长戴高帽。

厂长果然很受用，见老许在众人面前夸奖自己，他立刻和颜悦色地问：“说吧，什么事？”

“我儿子初中毕业想进三中，可是没有关系，分数够了也难进，进不了三中，今后考大学就成问题了。厂长您面子大，认识的体面人物多，厂长一出马比我去四处磕头还管用。”

“就这事？这件小事好办。”厂长大包大揽地说。

“厂长，真是谢谢您了。您真是个痛快人，我们一家人永远都记着您的恩。”

“嗯，这点小事谢什么嘛，要真谢，就让你儿子好好读书，将来考上北大、清华，哈哈哈。”

“考上北大、清华，一定找您这个大恩人喝酒。”不用说，老许的儿子顺利地进了三中。

6. 维护领导的权威

人都爱面子，这是人的天性使然。领导者则尤爱面子，很在乎下属对自己的态度，自己在下属面前是不是很有面子，很有权威。往往以此作为考验下属对自己尊重不尊重、会不会办事的一个重要“指标”。

从历史上看，因为不识时务、不看领导的脸色行事而触了霉头的人并不在少数，也有一些忠心耿耿的人因不会变通、不会迎合冲撞了领导而倍受冷落。现实中一些人有意无意地伤领导面子、损害领导的权威，这样做就刺伤了领导的自尊心，因而经常遭到穿小鞋、受冷落的报复。即使很英明、宽容、随和的领导，也很希望下属维护他的面子和权威，而对刺激他的人感到不顺眼。

唐太宗李世民是以善于“纳谏”著称的贤君，但也常常对魏征当面指责他的过错感到生气。一次，唐太宗宴请群臣时酒后吐真言，对长孙无忌说：“魏征以前在李建成手下共事，尽心尽力当时确实可恶。我不计前嫌地提拔任用他，直到今日，可以说无愧于古人。但是，魏征劝谏我，不赞成我的意见时，我说话他就默然不应。他这样做未免太没礼貌了吧？”

长孙无忌劝道：“臣子认为事不可行，才进行劝谏；如果只是随口附和，恐怕给陛下造成其事可行的印象。”

太宗不以为然地说：“他可以当时随声附和一下，然后再找机会陈说劝谏，这样做，君臣双方不就都有面子了吗？”

唐太宗的这番话流露出他对尊严面子和虚荣的关注，反映了领导的共同心理。面子和权威之所以如此重要，根本原因在于他们与领导的能力、水平、权威性密切挂钩。

一位牌技不高的科长在同下属打扑克时，常因输得一败涂地而对玩牌的人破口大骂，很明显地暴露出对下属“手下不留情”的不满，渐渐地，下属们不再同他一起打扑克，怕刺伤科长的自尊心。

像这位科长一样小心眼的领导比比皆是，可谓防不胜防。平时娱乐时，一些人不喜欢和领导在一起，这方面的因素无疑是个障碍。得罪领导与得罪同事不一样，轻者会被领导批评或者大骂一番；遇上素质不高、心胸狭窄的领导还可能会打击报复，暗地里给你穿小鞋，甚至会一辈子钳制一个人的发展。

杨雄在《法言·修身》中谈到“四轻”的危害时讲“言轻则招忧，行轻则招辜”，从与领导相处的角度讲，不慎言笃行，一日冲撞了领导，就会影响你的进步和发展。

7. 服从第一

“恭敬不如从命”，这是中国古老的至理名言。对领导，服从是第一位的。下级服从领导，是上下级开展工作，保持正常工作关系的前提，是融洽相处的一种默契，也是领导观察和评价下属的一个尺度。当然，服从也有善于服从，善于表现的问题。

细心的人都可能会发现这样一个事实：在单位里，同样都是服从领导、尊重领导，但每个人在领导心目中的位置却大不相同。为什么会这样呢？这一问题的关键是能否掌握服从的艺术。有的人肯动脑子，会表现，主动出击，经常能让领导满意地感受到他的命令已经圆满地执行，并且收获很大。相反，有的人却仅仅把领导的安排当成应付公事，被动应付，不重视信息反馈，甚至“斩而不多奏”，结果往往事倍功半。

善于服从，善于表现要掌握火候，机会来临时，一定要紧紧把握。当领导交给的任务确实有难度，其他同事缩手缩脚时，你要有勇气出来承担，显示你的胆略、勇气及能力。

面对上级，说话要不卑不亢

有的下属唯领导马首是瞻，即使领导做错了，还佯装欢笑，卑躬屈膝，违背原则说一些子虚乌有的话。如果是非常精明的领导，这种人是很难得到重用的。因为这种人一般并没有什么真才实学，不仅很难成事，还经常会坏事；而且这些人把利益放在第一位置，现在他可以违背自己的良心说对你有“利”的话，明天也可以干出对你不利的事来。

当然，作为下属，对领导的面子还是要照顾到的。这就要求在和领导讲话的时候既不能肉麻地拍马屁，也不能让领导感觉被压制，下不了台，也就是要不卑不亢。

当在领导面前处于不利境地时，如果为了迎合领导，讲了假话，那就违背了自己的内心，也未必会得到领导认可。在这个时候如果讲究点技巧，不卑不亢，既讲了真话，不违背自己的本心，又能使对方接受，岂不是一举两得。下面就是这样一个例子：

宋代有一位大臣，为官公正，为人刚正不阿。年轻时四处游学，机缘巧合，竟然认识了微服私访的当朝皇帝。皇帝心血来潮、写字画画儿去卖，只可惜水平实在不高。这位青年告诉皇帝，他的画儿只值一两银子。皇帝听了既不服气又生气，但也不好发作。

第二年这位青年进京赶考，高中状元，成了天子门生。觐见皇帝时才发现，原来当年卖画儿的老兄竟然是皇帝，皇帝也认出了他。皇帝屏退左右，只将这位大臣留了下来，拿出当年只值一两银子的那幅画，问道："卿家认为这幅画价值几何？"这位大臣赶紧前进一步说道："这幅画如果是陛下送给微臣的，那就价值万金，因为无论陛下送的何物，对微臣来说，都是无价之宝。但如果拿去卖的话，这幅画就值一两银子。"

皇帝听了，不禁拍掌大笑，知道自己有了一位才学渊博、品行端正的忠心之士。

这位大臣并没违背自己的本意，而是讲了真话，这种不卑不亢的巧妙表达，也使皇帝觉得在理，因而也非常高兴。

对于有些涉及领导者的棘手问题，为了给对方留面子，同时恰当地维护自己的尊严，就要巧妙区分，从不同的角度来解决。

不卑不亢只是一种说话手段，运用它的关键是理直而气壮，只有在领导面前大胆地说出应该说的话，才能不致弄巧成拙、惹领导不快。

对症下药：和上司心心相印的秘诀

除了最高层领导外，每个员工都有上司。如果你的工作完成得很好，你的业绩也不错，但你的上司却不喜欢你，原因何在？因为你只知道埋头做自己的工作，却不注意上司怎么看你。所以，不管你是什么样的职员，都要知道怎样让你的上司喜欢你、器重你、提拔你，这就需要你做到与上司“心心相印”。

要做到与上司“心心相印”，就必须时刻留意对方的兴趣、爱好，明白上司的意图，理解上司的心思，这样才能“对症下药”。

然而，上司的意图往往捉摸不定，所以必须在平时多多观察上司的习惯，多多分析上司的行为，多多体察上司的心理，然后再“对症下药”，尽量按他的意旨办事，甚至还能抢先一步将上司想说而未说的话先说了，想办而未办的事先办了。

王刚为人热情大方，善于与各种各样的人打交道，在进到一个新公司后，他首先想到的是如何赢得上司的好感和赏识。在做了一番调查后，他得知上司为人保守，就毅然舍弃了长发、牛仔等时髦装束，而以循规蹈矩的新形象出现在上司面前。

在初步赢得上司的好感后，王刚就想发挥自己热情、乐于助人、慷慨大方的优点主动与上司交往，建立友谊。不料，上司为人孤僻多疑，喜欢独处，对王刚的热情颇不习惯。王刚碰了几次壁后，就决心改变策略，去顺应上司的性格特点，不再经常围着上司转。

后来，王刚发现上司有一个最大的爱好——打乒乓球，于是他就苦练了一段时间的球艺，然后频频在上司常去的一家俱乐部露面，并每次都是和上司在一起对阵、切磋球艺。此举果然奏效，在球来球往中上司渐渐放松了心理防卫，与王刚成为朋友。

经过一番交往，上司逐渐了解了王刚身上的优点和才干，在工作中对他予以重用，王刚出色地把自己推销给了上司，从而赢得了事业上的成功。

由此可见，“对症下药”是一门高超的做人技巧。对不同的领导运用不同的交往策略，随机应变，才能事事顺遂。比如，在和领导相处时，要根据领导的性格特点和好恶，对自己的为人处事方式做一些必要的修正，以便迅速赢得领导的好感，建立起一定的感情。在此基础上，领导才会有兴趣深入了解和考查你的才干，并使你“英雄有用武之地”。

一般来说，做到以下两点，可以增加上司对你的好感。

1. 及时向上司汇报工作进度

相当一部分上司都喜欢以“婆婆”的姿态出现，事无巨细，都要亲自过问，并插手干预，他的一切言行就是命令，这样的上司实际上已到了过分专制的地步。

倘若你的上司是这种类型的人物，你一定会时常感到精神处于紧张状态，很难在工作中获得成就感，所以，你必须努力争取自己的权益，以真诚坦率的态度对上司说出心中的话，尝试挚诚相待，看看他究竟有什么顾虑，或是什么原因总是对下属缺乏信任。你应该相信，你的上司也是一个普普通通的人，很多时候也需要别人的肯定，肯定他的人生价值与成就，倘若他对任何一件事都表现出放心不下的态度，你要尽量想办法让他感到安心，而最好的方法莫过于主动向他报告你的工作进展情况，让他对一切明了如镜。

上司的心中往往有些疑虑：下属每天好像都很忙，但又不知道他们在忙些什么。因而下属一定要主动报告自己的工作进度，让上司放心，不要等事情做完了再讲。有时小小的一点错误，发展到后面就会变得很大，所以最好早早地向上司汇报你的工作进度，一旦有错误，他可以及时地纠正你，避免犯大错误。

作为一个下属，你有多少次主动向上司报告过你的工作进度？须知，经常向上司报告，让上司知道你的工作进度，让他放心，才能让他继而对你产生好感。对上司来说，管理学上有句名言：下属对我们的报告永远少于我们的期望，可见，上司都是希望从下属那里得到更多的报告。

因此，下属越早养成这个习惯越好，相信你的上司一定会心情舒畅许多，而你与上司的合作一定会渐趋于轻松愉快。

2. 积极主动，施展你的才华

对于有意成就一番事业的老板来说，总是思贤若渴、惜才如金，总是对有培养前途、富有创意的职员关爱有加、倍加赞赏。因为这样的人才难以挖掘，正是“千军易得，一将难求”，当你遇到这样的“明主”后，你不妨尽量施展你的才华。

比如说，当你有一个新的提高效益的方法，就应该在适当的时机向你的上司提出，争取得到他的支持。如果你的上司说：“各位，我们来研究一下工作流程是否可以改善一下。”严格说来，这样的话，不应该由你的上司来讲，而应该由你说出。所以每过一段时间，你应该想一下，工作流程有没有改善的可能？如果你才是你所做的工作的专才，而你的上司不是，却由他提出了改善计划，想出了改善办法的话，你应该感到羞愧。

你是否认为你的工作流程都很完善？事实上，任何一个工作流程都不是十全十美的，都有改善的可能，最糟糕的是大家都无所谓，安于现状，不对它进行改善。一个组织没有进步，这方面做得不好是重要的原因。大家都不想改善，而你却做到了。你就同他人不一样，上司也会喜欢你、看重你。

无论是哪种行业，哪一个单位的上司，无论他的职位有多高，但他毕竟是人，不是神，所有正常人的七情六欲、喜怒哀乐都会在他的身上体现出来。正如《孙子兵法》上所说的那样：“知已知彼，百战不殆。”假如你对自己上司的秉性有了充分的了解，就为你以后的行动打开了方便之门。因此，你有必要对自己上司的品行特征做必要的总结归纳，使之成为自己与之相处的指南。

当然我们并不主张人们整天去揣摩上司的意图，围着上司转，处处溜须拍马。但只要你仔细观察，便不难发现，现实生活中，上司“说你行，你就行，不行也行”的现象太多，人们必须学会“知上，识下”，尽量不要“哪壶不开提哪壶”，才能避免“说不行，就不行，行也不行”的难堪。

跟同事说话要有分寸感

各类是是非非每天都在办公室里发生着，你可能是个很有正义感的人，忍不住要挺身而出“匡扶正义”；也可能是个外向的人，眼里看不惯嘴里要说出来；还可能是个“事不关己，高高挂起”闲事少管的人……不管你是个什么样的人，都要和同事们日复一日、年复一年地相处下去。这就需要你掌握一些与同事的交往方式，在他们中间塑造受欢迎和受欣赏的形象，以便身边的同事不至于小看你，或者抓住你的话柄，找你的麻烦。

与同事相处，话太少不行，人家会认为你不合群、孤僻，不善交际；话多了也不行，容易让别人反感，而且也容易让别人误解，认定你是个大嘴巴。所以说，既不多说一句，也不少说一句，才是与同事相处最理想的说话分寸。

比如，某部门主管与你十分要好，有一天，他突然向你求救，说他有一个计划，希望与某公司合作，而你与该公司老板或有关人士十分熟稔，请你做中间人，向这位人士游说一番，说几句话。

不错，你与这人的交情很好，但是你要切记：公私分明。你不妨婉转、间接一些回答他，例如对方要求你伸出援助之手时，可以打趣地说：“其实这件事很简单，你一定可以应付自如的，被我的意见左右，可能不好。”这番话是间接提醒他：一个成功人士，必须独立、自信，而且，这样说也不会损及大家的情谊。

一般而言，我们跟同事相处，应遵循以下的原则：

（1）说话要有限制地暴露。跟同事之间说话，可以说你对职业的看法，你对某件事物的价值观。唯一不能说的就是你的生命历程中遇到过哪些贵人，遇到过哪些助你一臂之力的人。这些事情往往会让对方眼红，人心不可猜，聪明人都不会将自己的隐私暴露在盟友面前。

（2）说话要讲究无伤大雅。时刻记得，不要聊前同事的八卦，不要聊你和谁是亲戚，特别是对方和你那个亲戚有利益关系。有些话，最好都烂在肚子里。

（3）和异性同事交流的分寸感。和同性别同事交谈闲聊，可以适度随便些，但针对异性朋友，则要分外当心了，尽管大家不必从内心上处处设防，但至少“男女有别”，尤其是针对性别较为敏感的话题讨论，更没有必要涉及。

（4）把握好争执的分寸。同事之间，长久相处，难免会有意见不一致甚至产生冲突和矛盾的时候，这是正常的，关键是要把握好争执的分寸，不能让其演变为正面争吵，更不能因此而影响工作。

为此，你需要控制好自己的情绪，在与同事打交道时，千万注意，不要说太过火的话，更不能侮辱、谩骂同事，这样对谁都不利。与同事争执时，还有一个宗旨，就是对事不对人，你认为同事有错，可以指出，但不能上升为人身攻击，只要把事情说清楚就足够了。

（5）跟不熟悉的同事创建聊天话题。在高中英文课本上有一个小案例：去英国，你可以随时随地跟当地人聊什么话题？正确答案就是——天气。因为英国的天气阴晴不定，“天气”这个话题，总能聊出很多段子和故事。

那么，对于中国人，特别是与不熟悉的同事，如何打开话匣子？有哪些话题对方一听就愿意跟你聊下去呢？

大城市通用话题：房价、交通；

北方城市通用话题：降温；

南方城市通用话题：高温、梅雨季节；

中年男女通用话题：赚钱、育儿、孩上学校、置业、工资。

青年男女通用话题：梦想、职业选择、电影、音乐等。

这些话题无伤大雅，很容易与对方展开沟通，也会让你的同事们觉得，你很懂人心，一下就戳中了他们最关注的地方。

功劳被同事抢走，怎么办？

当你挖空心思想出一个好主意，或者你勤奋工作为公司发展做出极大贡献时，却有人试图把这份功劳归为己有。面对这个情况，你该怎么办？总不能整天气急败坏吧？下面几种方法或许对你有所帮助：

1. 用短信澄清事实

当然，首先写的短信不能有任何坏的影响，短信内容一定不能让对方产生不快。写信的主要目的是要委婉地提醒一下对方，自己当初随便提出的想法，是怎样演变到今天这个令人欣喜的样子。在信中适当的地方，你可以写上有关的日期、标题，可以引用任何现存书面证据。在短信的最后要建议进行一次面对面的讨论，这是很重要的，这能让你有机会再次含蓄加强一下你的真正意思：这主意是你想出来的。如果真的有人把你的功劳忘记了，想把功劳归属于自己，那么这个方法倒能为你争回功劳起一定作用。

2. 夸赞抢你功劳的人，重申功劳是自己的

说这番话的时候，要再一次对这位同事独一无二的才能和见解大加赞赏。这种方法对职业女性来说特别需要。很多研究者发现，女性员工喜欢从“我们”的角度——而不是“我”的角度来做事，所以她们的想法常常会被男性同事挪用。如果着眼于事情的积极一面，你的同事也是想方设法要干出最好的工作，而且他（她）对要做的事情也有独到的看法，也许会有助于你解决这个可能很棘手的问题。当你觉得这个方法比较适合你应用时，你就应早点行动，如果等你的同事把你的想法散布开时再行动，困难就大得多了。

3. 退出争夺战

这似乎不是一种方法，或者不能算是一种很好的方法。但对某些人来讲，这或许是最好的。你应该问一问你自己哪个更重要，是把这些想法付诸实施，还是独自拥有想出这个点子的名誉？这是一个复杂的问题，特别是对女性来说，什么时候应该跟男同事理直气壮地理论“挪用他人想法”的问题，什么时候又应该做出一些牺牲呢？

在做出决定时，应该考虑一下，要打这场“官司”得花费多少精力。在某些情况下，比如你正要接受一次重要的提升，要付出大量的时间和精力；或者除了“原则问题”之外其他并无妨碍，而要证明所有权只能使你疲惫不堪。也许还会让你的上级生气，让他们纳闷你为什么不能用你的时间来做点更有意义的事情。在这此情况下，显然退出争夺战是明智之举，是上上之策。

第八章

为人处事：这样的你最受欢迎

为人处事以“容人”为上策

古人曾说：“得饶人处且饶人。”在生活中，如果我们一旦有争强好胜、锱铢必较的心理，就可能给自己招来不必要的烦恼、嫉妒甚至是仇恨。

可见，包容是做人、处世的大智慧，也是和谐人际关系的一种润滑剂。尤其是在双方产生针锋相对的矛盾时，如果以硬碰硬，无论胜负都会有所损失，倘若能够互相包容，就不仅会避免损伤，还能够将问题处理得很好。

清康熙年间，内阁大学士张英（张廷玉的父亲）收到一封家书。信上说他们家正打算修围墙，本来根据地契，墙可以一直修到邻居叶秀才家的墙根下，但是叶秀才不让，并且还到官府里把张家给告了。家人非常生气，就给张英写了这封信，让他处理这件事。

家人很快就收到了回信，但上面只有一首诗："千里捎书只为墙，让他三尺又何妨？万里长城今犹在，不见当年秦始皇。"

张英的家人接到信后，明白了他的意思，马上就把墙拆了，并且后退三尺才重建。叶秀才一看张家如此大度，也把自己家的墙拆了，后移了三尺。由于两家都退让了三尺，因此留出了一条长百余米，宽六尺的巷子，后被当地人赞誉为"六尺巷"。

本来根据地契约定，张家根本没有错，而张英又贵为大学士，并且父子二人同在朝中任要职，只要知会当地官府一声，叶秀才家肯定会妥协，而张家的权利和尊严也会得到保障，但是他没有这样做，而是选择了包容，宁愿自己吃亏，让了叶秀才三尺；而叶秀才则觉得张英"宰相肚里能撑船"，不与自己计较，而自己本就理亏，感动之余也让了三尺，两家的关系也因此由剑拔弩张转为互相敬重，和睦相处。

在此我们可以想象一下，假如张英当时给当地官府打了个招呼，以他的权势，叶秀才肯定会被法办。不过，虽然他有理，但是当地百姓依然会认为他仗势欺人，以大压小。好在张英是一个宽宏大量的人，他主动使用了"包容"这一高情商的润滑剂，不仅解决了问题，还赢得了他人的敬重，并因一件小事而青史流芳，真可谓一举多得。

在生活和工作中，我们每个人都难免会遇到不如意的事情。如果因为一点小事情就闷闷不乐，甚至大动肝火，这不仅会影响自己、影响他人，可能还会招致更多的麻烦。所以，当我们在遇到不如意的事情时，一定要学会去适当地包容，不要与他人产生摩擦，而要以一种平和的态度来面对。

人生在世，本就是苦多于乐，如果再过多地与人计较，甚至与自己计较，总在为得失算计，那就失去了生活的乐趣。生活过得不快乐，还有什么意义呢？所以要转变态度，去包容他人。

有一位高僧特别喜欢兰花，在平日修行讲佛之余总会花费很多的心力侍弄兰花。有一次他要出远门云游，临行前交代弟子要好好照顾他的兰花。但是有一天一个弟子在浇花时，不小心把花架撞倒了，所有的兰花盆都摔碎了，兰花散落了一地，无法收拾。弟子们全都慌了，只好等着师父回来责罚。但是出乎意料的是，当师父回来之后，却没有责怪他们，而是召集齐了众弟子，跟他们说："我种兰花，一来是想要用它来供奉佛祖，二来是为了美化寺庙的环境，而不是为了生气而种的！"

"不是为了生气而种的！"得道高僧修养自然是高，兰花本为他所好，也花费了很多时间来培养。一般人如果遇到这种情况肯定会很生气，很有可能会重重责罚把兰花弄坏的人，但是高僧没有。因为他明白自己种花的目的虽然没有达到，但是也不能为此而生气，况且弟子也是无心之过，所以就很容易地宽容了徒弟。

在人际交往时，如果以严厉的态度、倨傲的性格对待别人，就会招致别人的怨恨，引来不满。如此，于人于己都不利，何必呢？正所谓：利人就是利己，亏人就是亏己，容人就是容己，害人就是害己。所以说：君子以容人为上策。

宽容是一种修养，一种德行，一种度量，一种高情商的体现。如果人人都有宽容忍让的心态，那么这个社会肯定会变得更美好，人与人之间的关系也肯定会变得更和谐。

留有余地是一种理智的人生策略

我国古代有个叫李密庵的学者，写过一首《半半歌》，诗云："饮酒半酣正好，花开半时偏妍，半帆张扇免翻颠，马放半鞭稳便。半少却饶滋味，半多反厌纠缠。百年苦乐半相掺，会占便宜只半。"用现代的话来说，就是凡事要留有余地，不要跟自己和别人较真，为人处世也要留有余地。

常留余地二三分，体现了高情商者的人生智慧。凡事留有余地，则自由度就会得以增加。进也可、退也可，亲也可、疏也可，上也可、下也可，处于一种自由的境地，体现了一种立身处世的艺术。

世界上的事变幻不定，常常有许多意想不到的不利因素产生作用。人外有人，天外有天。人不要总是想着赢人，要留一些给别人赢；不要老想占上风，要给别人一些尊严。这样，自己才能不断进步，人际关系才能更和谐。一句话，为人处世还是谦虚谨慎些的好。如果目中无人，骄傲自满，就容易碰壁、栽跟头。

唐朝时代，有一位德山大师，精研律藏，而且通达诸经，其中尤以讲《金刚般若波罗蜜经》最为得意。因俗姓周，故得了个“周金刚”的美称。

当时，禅宗在南方很盛行，德山大师不以为然。于是他挑着自己所写的《青龙疏钞》，浩浩荡荡地出了四川，走向湖南的澧阳。

一日途中，他突然觉得饥肠辘辘，看到前面有一家茶店，店里有位老婆婆正在卖烧饼，德山大师就到店里想买个饼充饥。老婆婆见德山大师挑着那一大担东西，便好奇地问道：“这么大的担子，里面装的是什么东西？”

“是《青龙疏钞》。”

“《青龙疏钞》是什么？”

“是我为《金刚般若波罗蜜经》作的批注。”德山大师对于自己的著作，表现出很得意的神情。

“这么说，大师对于《金刚般若波罗蜜经》很有研究？”

“可以这么说！”

“那我有一个问题想请教您，您若能答得出来，我就供养您点心；若答不出来，对不起，请您赶快离开此地。”

德山大师心想：“讲解《金刚般若波罗蜜经》是我最擅长的，任你一位老太婆，怎么可能轻易就难倒我！”随即毫不在意地说：“有什么问题，你尽管提出来好了！”

老婆婆奉上了饼，说道：“在《金刚般若波罗蜜经》中说：‘过去心不可得，现在心不可得，未来心不可得。’不知大师您是要点哪一个心？”

德山大师经老婆婆这一问，呆立半晌，竟然答不出一句话来。他心中又惭愧又懊恼，只好挑起那一大担的《青龙疏钞》，怅然离去。德山大师受到这次教训后，再也不敢轻视禅门中修行之人，后来来到龙潭，至诚参谒龙潭祖师，从此勇猛精进，最后大彻大悟。

世事无常，万事多留些余地，这是一条重要的做人准则。在你留有余地的同时，别人也会因此而受益匪浅。

对人对己都要留有余地。好朋友不要如影随形，如胶似漆，不妨保持一点距离；是冤家也不要把人说得全无是处；不要把崇拜的人说得完美无缺；对于一些犯有错误的人，也不要以为人家一无是处；不要把自己看得像朵花，看别人都是豆腐渣；不要以为自己的判断绝对正确，宜常留一点余地……

一幅画上必须留有空白，有了空白才虚实相间，错落有致。有余地才更加符合实际，才更加充满希望。当然，留有余地不是一种立身处世的圆滑，不是有力不肯使，也不是逢人只说三分话，而是对世界、对自己抱一种知己知彼的理性态度，是对鉴于世界的复杂性和自身能力的有限性所采取的一种理智的人生策略。

忧他人之忧，乐他人之乐

宋代朱熹有一句话："体谓设以身，处其地而察以心也。"一语道出了将他人的处境纳入思考范畴的境界，这是需要具有很高的修养才能体会到的乐趣，而我们平时熟稔于心的是"己所不欲，勿施于人"，其实，无论怎样表达，都说明了设身处地为他人着想，是一种人生必修的课程，是人们为人处世的高情商体现。它阐释着宽容、忍让、体谅等很多美好的东西。

人不是单靠吃米面活着的动物，一生中会有很多美丽的邂逅，无论是擦肩而过还是结为金兰，我们都会永远深藏在心底。所以我们要珍惜每一次真挚的心跳，多为他人考虑一些，也好随着时间的推移，将尘封在心底的往事定格为最美的风景。

有人曾说："人世间最纯净的友情只存在于孩童时代。"让人感到每个字眼里都透露着悲凉，谁能否认自己不渴望真情？其实，真情永远存在于人们的心中。不同的年龄对感情的态度不同，体悟感情的方式也不尽一样，但这过程里始终有一个不变的真理，那就是如果你能真正考虑到别人的处境，那么你就会得到恒久的真情。

人与人的相处需要忘我的精神，你可曾发觉很多人说话的时候主语经常是"我"，如果我们都把对方当成主要的，事情定会是另一番景象。人是社会的动物，都需要一份温暖、一份关心、一份慰藉。当对方成功时，我们应不给予真诚的肯定；当对方偶有失误时，我们应选择包容；多站在对方角度上考虑一下，这世界就不会再有嫉妒、责难，也不会有人再感到真情需要千呼万唤。真情将弥漫在我们身边。

爱因斯坦说："对于我来说，生命的意义在于设身处地替人着想，忧他人之忧，乐他人之乐。"这是一种宽广的胸怀，让他足以容纳他人的忧和乐，这本身就是一种慈悲，一种人生的大爱，一种高情商的体现。

北宋韩琦是一代名臣，他有一次晚上看书，旁边帮他执灯的士兵有点不专注，分了神，把他的鬓发稍微烧了一下。当下他头也没转，顺手就把这个火灭掉了。

过了一会儿，他发觉有点情况，转头一看，那个士兵已经被换掉了。他问刚刚那个执灯的人去哪里了，底下的人说，他烧到了将军的鬓发，就把他换掉了。韩琦听完后说："你把他找回来，他已经知道怎么不烧到人了。"

如果这个士兵被调走，一定会被处罚，以后他很难再有发展。韩琦不忍心因为一点小错误就毁了别人一生，所以要把他叫回来。当其他士兵听到自己的将军这样包容底下的人，无不感佩将军的度量和对士兵的爱护，整个军队士气大增。

高情商的人遇事时会为他人着想，因为他知道当心中只有自己的时候，也可能把麻烦留给了自己；当心中有他人的时候，他人也就为自己留出了一条宽敞的大道。他们往往从别人的角度出发，先考虑到别人的不方便之处；他们对自己要求很严格，却也有足够的涵养不苛责别人；他们把做人的深髓的哲理都赋予了行动。

人生就像春种秋收那样，随着四季的流转，不停地播种和收获。不一样的"播种"也将收获不一样的人生。你把目光投向大海，你将得到整个的海洋；你把目光投向天空，你将得到整个的天空；你用目光穿透黑暗，你也就会收获黎明；你用目光温暖众人，你也将得到大家的恩宠。

律己宜严，待人宜宽

宽容，是胸襟博大者和高情商者为人处世的一种人生态度。

总是对别人吹毛求疵的人，一定是个不受欢迎的低情商人。

能容天下者，方能为天下人所容。据此看来，你若要彩虹，你就得宽容雨点，若是在雨点滴到身上的那一刻便勃然大怒，又怎么能在彩虹出现的刹那拥有一种怡然自得的心情来观赏美丽的风景呢？

森林中有一条河流，河水湍急，不停地打着漩涡，奔向远方。河上有一座独木桥，窄得每次只能容一人通过。

某日，东山上的羊想到西山上去采草莓，而西山的羊想到东山上去采橡果，结果两只羊同时上了桥，到了桥中心，彼此碰到了，谁也走不过去。

东山的羊见僵持的时间已很长了，而西山的羊照样没有退让的意思，便冷冷地说道："喂，你长眼了没有，没见我要去西山吗？"

"我看是你自己没长眼吧，要不，怎么会挡我的道？"西山的羊反唇相讥。

于是，两只互不相让的羊开始了一场决斗。

"咔"——这是两只羊的犄角相碰撞的声音。

"扑通"——这是两只羊失足，同时落入河水中的声音。

森林里安静下来，两只羊跌入河心淹死了，尸体很快就被河水冲走了。

故事中的悲剧本来是可以避免的，只要有一只羊后退到桥头，等另一只过后再上桥，两只羊便都会平安无事。可悲的是，山羊们都固执地认为狭路相逢勇者胜，不肯宽容和忍让，最终都葬身河底。

“宽以待人”既是一种待人接物的处世态度，也是一种高尚的道德品质，它能够化解人和人之间的许多矛盾，增强人和人之间的友好情感。同时，一个人如果能够养成“宽以待人”的优良品德，就能够提高自己的情商，在同他人的相处中，就能严格要求自己，宽恕地善待他人，不断提高自己的思想境界，使自己成为一个道德高尚的高情商人。

有人说，世上只要有人的地方就有纷争，尤其是有“我”有“你”再加个“他”，你、我、他之间的纷争就更多了。所以，若能秉持“你好他好我不好，你大他大我最小，你乐他乐我来苦，你有他有我没有”这四句偈语中所包含的精神，人与人必能和谐相处。

自我反省会得到他人的尊敬

我们每个人都有必要学会自省，因为学会自省就可以少犯错误，使自己的道德品质日臻完善，做人做事更加机智圆熟，另外，还能正确认识自身的不足，并能客观、公正地评价自己。

我国古代思想家孔子的弟子曾子提出著名的“吾日三省吾身”的自省修养方法。另外一位大思想家孟子则提出“自反”“反求诸己”，即经常反省自己的言行。《易传》把这称为“修省”的方法，以后的思想家进一步发展了这一思想，并提出“责己”的学说，相当于现在我们所说的“自我批评”。可见，我们要想成为一个广受人们欢迎的人，就需要经常反省自己的思想和行为。

苏联文学家高尔基认为：“自我批评是最严格的批评，而且也是最有益的。”所以，我们应善于辨察自我意识和言行中的善恶是非，严于自我批评，及时改正自己的过错，更要敢于公开承认自己的错误，勇于揭露自己的不足。就像闻一多先生所说的那样：“我们倒不怕承认自身的‘弱点’，愈知道自身弱在哪里，愈好在各人自己的岗位上来尽力加强它。”

“我的确时时解剖别人，然而更多的是更无情面地解剖我自己。”鲁迅先生的这句话，人们最熟悉不过了。它体现的是一种宽阔的胸怀，一种高情商的修养境界。

遗憾的是在生活中，很多人在遭遇损失或是遇到不顺心的事情时，从来不反省自己，从来不想问题的根源就在自己身上，总是喜欢责怪他人。当然，这样的人是不会获得好的人缘的，更不会受到别人的尊重。

齐白石88岁时，诗人艾青曾带着一副齐白石早年间的画作登门，请他鉴别真伪。齐白石一看，确实是自己几十年前的作品。他随后对艾青提出要拿自己刚完成的两幅画交换的请求。谁知，艾青赶紧把画收起来说：“您就是拿20幅，我也不换。”

艾青走后，齐白石对自己家人说道：“我几十年前的画，比现在好太多了。成名之后，我走到哪里都是赞誉，从没人说过我半点不是。今天看了我年轻时候的作品，才知道自己实在退步了太多。”

从那以后，齐白石便开始从最基础的描红开始，重新苦练绘画，丝毫都不敢懈怠。而正是凭借着这样一种谦虚、持之以恒的态度，齐白石的作品到了晚年也依然得到人们的喜爱和珍藏。

事实上，自省的过程就是一个自我检讨、自我反思、自我监督、自我提高的过程。通过这个过程认识自己，打扫洗涤自己大脑中的“污垢”和“灰尘”。

只有学会自省，才能静下心来客观公正地评价自己，从而清楚地认识到自己的缺点与不足，然后去努力提升自己，进而使自己得到更多人的尊重。

迁怒是不负责任者的行为

“不迁怒”出自于孔子对其弟子颜回的评价。有一次，哀公问：“弟子孰为好学？”子对曰：“有颜回者好学，不迁怒，不贰过。不幸短命死矣。今也则亡，未闻有好学者也。”

孔子说颜回好学，并没有说他学习的成果，而是“不迁怒，不贰过”，既不迁怒别人，也不两次犯同样的错误，在我们看来原本是品德上的问题，孔子把它归为好学的标准。

其实，在古代，德育也是人们需要学习的主要内容。不迁怒，这也是今天我们每个人都应好好学习的品质，它是一个人成熟与否的标志之一，是一个人情商水平高低的衡量标准，是成大事者获得人心必备的修养，是家庭幸福、朋友合欢的必要条件。

“人有悲欢离合，月有阴晴圆缺，此事古难全。”生活中总免不了磕磕绊绊，不顺心的时候，很多人就会不自觉地迁怒于他人，自己受气或不如意时拿别人出气。你可知道，身为家人、朋友、同事，谁都有责任为对方分忧解难，无怨相伴，但无论自己的境况如何，我们都不应该迁怒于对方。迁怒，是用害别人为自己找出口，是对自身的逃避，是对别人的苛责，是无自制、不成熟的表现；迁怒，是阻碍成长的绊脚石，是冲动魔鬼的助手，却永远不会为你赢得摆脱不顺心的方法。

有这样一则寓言：

一只狐狸在跨越篱笆时，不小心被篱笆上蔷薇的刺扎伤了，流了许多血。受伤的狐狸见到自己流血了，就非常生气，埋怨蔷薇说："我本是翻篱笆墙，你为何要刺伤我？"蔷薇回答道："狐狸！我的本性就带刺，是你自己不小心，才被我刺到的啊！怎么会反过来埋怨我呢？"

在现实生活中，有很多类似于狐狸这样的人，遭遇挫折时不反躬自省，反而责怪或迁怒别人，他们抱怨老板太苛刻，抱怨公交车太挤，抱怨菜市场上的秩序太乱；同伴在场时他们就开始迁怒，他们迁怒于家人，迁怒于同事，迁怒于朋友，甚至连孩子都成了他们迁怒的对象。

仔细分析一下经常迁怒的人，你会发现他们很少躬身自省，一出现不顺心的事时就想从别人身上找缺点，从而发泄自己的情绪。

其实，这除了让自己显得情商和修养太低，是无济于事的，倒不如躬身自省，也好"不贰过"。

不要迁怒于你的同伴了，作为朝夕相处的同伴，因为彼此很了解，缺点自然也很了解，然而，金无足赤，人无完人，你的迁怒，只会给同伴留下被否定的阴影。情商高的人，是不会拿同伴来发泄自己的情绪的，他们会以他人为镜，提醒自己改正缺点。

时刻敬人三分，所得必是人敬三分

每个人都希望自己得到别人的尊重，获得别人的肯定，但要做到这一点却并不容易。人与人之间的交往在于“互酬”，也就是说，如果你要别人尊重你，你就要先尊重别人。

一家生意很红火的蛋糕店门前，站着一位衣衫褴褛、身上散发着难闻气味的乞丐。旁边的客人都皱眉掩鼻，露出嫌弃的神色来。伙计喊着：“一边去一边去，快走吧！”可是乞丐却拿出几张脏乎乎的小面额钞票小声地说：“我来买蛋糕，最小的那种。”

店老板走过来，热情地从柜子里取出一个小而精致的蛋糕递给乞丐，并深深地向他鞠了一躬：“多谢关照，欢迎再次光临！”

乞丐受宠若惊般离开，要知道他从来没有受过如此殊荣。

店老板的孙子不解，问道：“爷爷，您为什么对乞丐如此热情？”

店老板解释说：“孩子啊，虽然他是乞丐，却也是顾客呀。他为了吃到我们的蛋糕，不惜花去很长时间讨到的一点点钱，实在是难得，我不亲自为他服务怎么对得起他的这份厚爱？”

孙子又问：“既然如此，为什么要收他的钱呢？”

店老板说："他今天是客人，不是来讨饭的，我们当然要尊重他。如果我不收他的钱，岂不是对他的侮辱？我们一定要记住，要尊重我们的每一个顾客，哪怕他是一个乞丐，因为我们的一切都是顾客给予的。"小孩若有所思地点点头。

你可以尝试一下，把尊重放在天平上，使别人觉得自己重要，如同你以为自己重要一样，这样你得到的也会很多。你可以按照下面几点去做：

1. 不要总是自命清高，容不下别人的批评和建议

对于别人的批评和意见，你要虚心接受，即使有不对的地方，你也不要当面反驳。不要什么事都认为自己正确，你应该学会站在别人的立场考虑问题，这样就会改变你固执的做法。

2. 对你周围的人要宽容

别人一不小心得罪了你，并再三向你道歉，你却仍然骂骂咧咧，得理不饶人，结果只会导致你们之间的关系越来越疏远，最终失去一个朋友或能做你朋友的人。

3. 不要在别人面前装出一副冷漠的神情

你冷漠地对待别人，别人会以为你瞧不起他。如果你周围的人诚恳地向你征求意见或诉说苦闷，你却显出一副心不在焉、不感兴趣的样子，即使你心里并没有不尊重对方的意思，可你的行为已经伤了对方的心。

4. 不要贬低别人的工作能力

当你周围的人在某一方面做出成就时，你应该给予适当的赞

扬，而不是对其成就进行有意无意的贬低。即使你周围的人工作能力不强，你也不要贬低，否则不但会使你们的交往不成功，还会激起更深的矛盾，甚至反目成仇。

第九章

情感经营：让关系恒久的秘诀

偶尔出点丑，更惹人喜欢

人们会喜欢一个完美的人吗？一个闪闪发光，三百六十度无死角的家伙。相信绝大多数人都会认可、羡慕那个人，但至于喜不喜欢，可能就不太好说了，有时候甚至还会有点讨厌那样的人。

比如，上学时候班里那个长得最好看的女生，很容易成为同学们品头论足的对象，还经常遭到其他女生的冷眼；那些长相帅气、成绩优异、家境优渥的男生，即便经常收到异性的表白，却往往没几个真心朋友，甚至经常形单影只。

的确，太完美的人很容易遭人嫉妒，因此成为不受欢迎的人。相反，一个偶尔会出点小错的人，更有机会和大家打成一片，收获更好的人缘。

1966年，社会心理学家艾略特·阿伦森带领团队进行了一个关于“印象形成”的实验。48名大二男生是他们的试验对象。这些男生需要听一段大学智力问答竞赛选拔的录音，然后对录音对象的印象以及魅力值进行描述和打分。

阿伦森准备了4卷磁带用于实验，分别是：

（1）拥有卓越才能者：能正确解答大多数问题，荣誉学生，多才多艺，品学兼优；

（2）拥有卓越才能者：能正确解答大多数问题，荣誉学生，担任学生社团要务，多才多艺，品学兼优，但是在比赛接近尾声时不小心把咖啡溅到自己身上；

（3）能力普通者：答题准确率仅为三成，学业成绩一般，能力一般；

（4）能力普通者：答题正确率仅为三成，学业成绩一般，能力一般，在比赛接近尾声时不小心把咖啡溅到自己身上。

事实上，这四卷录音分别对应的是：几乎是一个完人；一个犯过错误但能力超众的人；一个平庸的人；一个犯过错误的平庸人。

经过统计数据分析，实验最后得出这样的结论：犯过错误但能力超众的人被评为魅力之最，其次是完人，第三名为平庸者，而犯过错误的平庸人最不受待见。

这种小小的失误或瑕疵反而使有才能者的人际吸引力提高的现象，我们称之为“出丑效应”。

阿伦森的实验很好地证明了生活中常见的一些现象：有一些看起来各方面都比较完美的人，却往往不太讨人喜欢；而讨人喜欢的，却往往是那些虽然有优点，但也有一些明显缺点的人。

为什么会这样呢？这是因为一般人与完美无缺的人交往时，总难免因为自己不如对方而有点自卑。如果发现精明人也和自己一样有缺点，就会减轻自己的自卑，也就更愿意与之交往。你想，谁会愿意和那些容易让自己感到自卑的人交往呢？所以不太完美的人更容易让人觉得可亲、可爱。

在异性交往的过程中，如果你在合适的时候透露出你的一些小缺点，会增加你的魅力，那么好人缘也就不请自来了。

爱他，就真诚勇敢地表达出来

沈从文与张兆和的爱情堪称文坛上的一段佳话。

1928 年，沈从文经徐志摩介绍，由胡适安排，在上海的私立中国公学教书。在这里，他遇到当时作为他学生的年轻貌美的张兆和，在一见钟情后深深爱上了她。张兆和的父亲张吉友在苏州富甲一方，甚有名望。而当时 18 岁的张兆和聪明可爱、单纯任性，身后有许多追求者，她把他们编成了“青蛙一号”“青蛙二号”“青蛙三号”。她的二姐张允和取笑说沈从文大约只能排为“癞蛤蟆第十三号”。

但其貌不扬、一介穷教师的沈从文在经过了一番痛苦的思考后，还是勇敢地拿起笔来，对张兆和展开了旷日持久的“情书进攻”。张兆和招架不住，告到校长胡适那儿去了。胡适虽然自己是包办婚姻，但此时却笑着说，他只是顽固地爱你。张兆和很干脆地回答：我顽固地不爱他。

不过沈从文并没有气馁，依然执着地表达着自己的爱意。直到1932年，通过长达4年多坚持不懈的追求，正所谓“精诚所至，金石为开”，沈从文的真诚终于打动了张兆和，最终赢得了自己的爱情。

爱，不仅要有发自内心的真诚，还需要勇敢地表白，正如沈从文对张兆和的“爱的进攻”。如果当初沈从文把那份爱埋在了心底，那他和张兆和就只有擦身而过的遗憾了。

假如你现在非常爱一个人，不管你已经付出了多少，你的爱情都不会枯竭，依然会那么浓烈、那么深厚。为了这份爱，你可以容忍一切、相信一切、期待一切、承受一切，这就是永远存在于你心中的最具力量的爱。

在世界斯诺克成都国际锦标赛上，突然出现一位手捧红玫瑰的男子。这位一身帅气西装打扮的小伙子是一位球迷，他想借着国锦赛向与自己爱情长跑了六年的女友求婚。

在半决赛下半场，一直在提醒大家注意赛场静音等规则的主持人突然请出了这个小伙子。他鼓足勇气，对着台下愣住的女孩大声告白：“还记得那个在军训的时候大声呼唤你的男孩吗？我的脾气有点倔，但是以后我一定会改正，我想给你一个幸福、安稳的生活，我想牵着你的手一直走下去，无论风雨，永远不分开。我希望自己能给你一个最美好的未来。在与你相识的六年时间里，我对你的心意始终没有变过。守护你是我的选择，保护你是我的使命。请你给我个机会，让我在往后余生一直守护你，照顾你，陪伴你。亲爱的，我爱你，嫁给我好吗？”

这段表白，让坐在观众席中的女友倍感惊喜。当身边的观众举起爱心拉环的时候，这位姑娘还没有反应过来，可当看见自己的男友走到台前时，才意识到表白的对象是自己。她顿时热泪盈眶，快速来到了台边，与男友紧紧拥抱在一起。

姑娘问男友：“为什么不早点告诉我？”小伙子回答说：“我其实也很紧张，但是我就是想给你一个惊喜，给你一次终身难忘的回忆。”女孩听完幸福地笑了。

小伙子的行动感染了现场所有观众，也深深打动了女友，她欣然接受了他的求婚。

这对年轻人的爱情故事，说明了爱不是等来的，而是要你付出行动、创造和努力。勇敢地表白，用心地示爱，你将早日摘下爱情的果子。

男女之间，热烈地向对方表白，常常能叩开对方的心扉，推动双方关系发展到一个新的阶段。恋爱之中的诚恳表白则更能营造温情脉脉的氛围，巩固和加深彼此的感情。

因此，不要再把内心的爱深藏，真诚而勇敢地表达出来，也许会有惊喜的结果等着你。

幸福婚姻的基石：支持和理解

泰戈尔说：“爱，是理解的别称。”在日常人际交往中，人与人之间的相互理解就是彼此沟通的重要因素。那么相濡以沫的夫妻之间就更需要理解。

夫妻间应该是互相了解的，是知音。只有你了解了对方，才能对其体贴、关怀，并辅佐其上进。

可见，理解是夫妻间的黏合剂。夫妻之间相处要是连理解与体谅都没有，这种婚姻只会是很痛苦和寂寞的。当然，我们这里所说的了解，不单是指了解爱人的一般情况，而是指对爱人的内心世界的感知。因为，人的行动是受思想支配的。你了解了爱人的思想，才能理解他（她）的行动。只有夫妻间彼此体谅与关怀，才会换来夫妻间更加深沉的爱。

有这样一对夫妻，妻子当上了经理以后，每天都是早出晚归，有时连星期天也不休息。所以，大部分家务活都落在了丈夫头上。一次，妻子对丈夫说："你看，我这一当经理，把你累坏了，以后，我尽量早回来做饭。"丈夫说："我知道，你担负经理一职，想把工作干好，家务事我多干一些，完全可以，你不必挂心。等你工作熟悉了，再多干些家务。"妻子听了非常感动，忙说："你真能体谅人，这样支持我的工作，我一定会把工作做好。"

事实上，在现实生活中不管是男人还是女人，都不容易。男人以事业为重，成天在外拼搏。现在的社会，竞争残酷，压力大，稍不留神就会被人挤下来，甚至一败涂地，哪一个女人都不希望自己的丈夫是这样的下场。因此，做妻子的要理解、要宽容、要容忍丈夫偶尔的懒惰，容忍他们的不解风情。

当然，男人也要理解自己的妻子。女人更不容易，除了每天和男人一样在外面工作，承受压力外，还要顾家，还要管孩子。

一日三餐要做，大人、小孩的衣服要洗，孩子的功课要辅导，屋里屋外要打扫、要收拾。其中滋味，非男人所能体会，其身心劳累，非男人所能比及。所以做丈夫的应该看到这一点，而不要熟视无睹，不要认为是理所当然，而要力所能及地多帮妻子干家务，要适时地给以温柔的言语，温暖那颗疲惫的心，要爱惜自己的妻子，要让她尽可能地开心。

可见，只要夫妻间能够互相支持与理解，彼此之间的关系就会更加融洽，婚姻生活也会更加美满、幸福。

最笨的女人才会强迫对方

永远不要将自己的意见强加于人，这是情感经营中一条重要的原则。没有谁愿意被人强迫去做某一件事。即使是女人的丈夫，也同样不喜欢被强迫着去做某些事情。也许看了下面这个故事，你能深受启发。

这一天，李君去拜访一个叫刘超的朋友。李君刚刚进门，就听到刘超的妻子娜娜在高喊："刘超，你干吗呢？怎么还不快点准备，今天我要去街上买几件衣服，你得陪我一起去。"刘超不高兴地说："你没看见有客人来了吗？"娜娜从里屋走了出来，看见李君站在门口，顿时有些不悦地说："既然如此，那我们的计划就取消了吧！"李君听到这番话很尴尬，感觉自己来的不是时候，所以想要抽身离开。幸亏刘超并没有表示厌烦，而是热情地迎客。

几天后，刘超在街上碰到了李君，说起他准备和妻子离婚的事情。李君听到后很惊讶，赶忙劝解说："别这样，刘超，虽然你妻子有时候是有些过分，但是她却是爱你的。"谁知刘超听完却摇了摇头说："算了，你不要再劝我了，我根本没有办法和她继续生活下去。你知道吗？我现在连一点儿自主的权力都没有。每当她想要做什么，我就必须服从。一旦我表现出不愿意，她就会和我生气，以前，为了维持整个家庭，我迫不得已地答应她的要求，可是现在我真的受不了了。你不用再劝我了，我的这个想法已经不是一天两天了，我现在只想按照自己的意愿，轻轻松松地生活。"尽管李君一再劝说，可还是没有成功。刘超与娜娜的感情走到了尽头。

其实，娜娜是非常爱刘超的，也从来没有把她的丈夫当成"奴隶"。然而，娜娜正是因为不懂得"强迫"的危害性，所以才使刘超再也不能忍受她的"专制独裁"，最终选择了离她而去。

纽约婚姻家庭关系研究专家约翰·蒂尔斯曾经在《婚姻与家庭》杂志上发表过一篇文章，其中写道："所有的人都渴望从别人那里获得自重感，而男人更甚。男人总是喜欢以自己的想法去做事情，习惯按照自己的思维方式思考问题。对于一个男人来说，'建议'是世界上最愚蠢的事情，更别说是强迫。相关数据表明，在美国，夫妻之间发生争吵的原因中有很大一部分是因为妻子强迫丈夫去做某些她们认为应该做的事，而男人在面对这种情况的时候往往是选择反抗。当然，有些男人也选择沉默，但那是更可怕的事情，因为他们正在积蓄力量，等待爆发。"

事实上，在现实生活中，很多女士都不懂得如何让自己的丈夫为自己做事。就像故事中的娜娜一样，她们会说："今天下午去逛街吧，你必须和我去！"或是说："我打算明天去拜访我的姑妈，你也和我一起去吧！"还可能说："你怎么搞的？为什么两天前叫你修理的下水管道还没修好？"也许，这些女士根本不知道此时她们的丈夫在想什么。

当她们要求丈夫陪她们逛街时，男人心里在想："怎么又去逛街？你的衣服已经可以开个服装店了。"当她们要求丈夫陪她们去姑妈家时，男人心里在想："我干什么要去？你姑妈可是个刻薄、吝啬的老太太。"当她们要求丈夫修理下水管道，虽然丈夫心里非常不情愿，但是还是去做了。当然，这不是代表丈夫认为你说的是对的，而是因为他非常爱你。退一步讲，就算他们从心里接受了你的意见，但恐怕也很难接受你的方式。事实上，你的这种口吻是在告诉丈夫，他是在你的强迫下去做那些事情的。

男人的自尊心是很强的。如果你伤害到他的自尊心，那无疑是要取他的性命。对于男人来说，他们会不惜一切代价来捍卫自己的尊严。然而，强迫却是要剥夺男人们拥有自尊的权力，让他们乖乖地听命于妻子的吩咐。试想，这时的男人除了反抗还会选择什么？

一个女人最近很困惑，因为她的丈夫正在和她闹离婚。她向朋友抱怨道："我真的没有做什么。我发誓，我是真的爱他的。可是，他却说我是独裁者，是可怕的女王，说我不给他自由。"

她的朋友问："你是不是经常强迫你的丈夫去做一些他不愿意做的事？"女人想了想，说："确实是，可是我并没有恶意啊！难道我让他吃药有错吗？难道我让他去洗澡是不对的吗？难道我让他经常和家里人保持联系是要害他吗？我真不明白，为什么他要如此对我？事实上，我所做的一切都是为了他好，而我也是真的爱他。”

这位女士认为是出于爱才强迫她丈夫的。她让丈夫吃药是为了他的健康；让他洗澡是为了清洁；让他与家人联系是为了维持亲情。这一切都没有错，错就错在她使用的方式上。相反，另一位女人对丈夫的说话方式就值得大家借鉴。

伊伊已经结婚十几年了，但却很少和丈夫发生争吵。她非常聪明，也知道如何保护好自己丈夫的自尊心。每当她想要丈夫做一些不情愿的事情时，她总是会想一些策略来说服丈夫，而且还不让丈夫的自尊心受到一点伤害。

有一次，伊伊想要去拜访她的一位朋友，而那位朋友在不久前因为一件小事和她丈夫发生过争吵。老实说，伊伊的这位朋友对她丈夫很重要，因为丈夫在工作上有很多地方需要他帮忙。不过，她也知道自己的丈夫是个很爱面子的人，如果贸然地让他和自己去一定不行。于是，伊伊就对丈夫说：“亲爱的，昨天我看了一篇文章，上面讲了很多让人成功的方法。我觉得，你应该好好看看这本书。”

“是吗？”丈夫显然对伊伊的话产生了兴趣，说道：“有什么好方法？说来听听！”

伊伊故作沉思，然后说：“书中说，男人要想成功，就必须学会忍耐，而且永远不要和对自己有帮助的人发生矛盾。”

丈夫听后点了点头说："是的，说得很对，不过，我却做不到，就在前几天，我还和杰明（伊伊的朋友）大吵了一架。"

伊伊笑着说："那有什么关系？书上还说，真正能够获得成功的男人总是在犯下错误以后马上改正。"

丈夫想了想说："是的，你说得很对。我现在决定和你一起去拜访杰明。我相信我真诚的道歉是能够化解我们之间的误会的。"

事后，伊伊对她的姐妹们说："我觉得，强迫一个男人去做他不愿意做的事是非常不明智的。试想一下，如果当时逼迫他去拜访杰明，而且还骂他是个糊涂蛋，不懂得如何与人相处的话，相信不只他和杰明的关系无法缓和，就连我们夫妻的关系也会变得紧张起来。"

伊伊说得一点都没有错，如果她不是懂得强迫丈夫是一件非常危险的事的话，那么后果就真的不堪设想了。

男人抽烟几乎是被所有妻子所深恶痛绝的。大多数妻子在面对这种情况时，总是会生气地说："你就不能不再抽那该死的烟吗？你不知道这对你的身体有多大的危害吗？从今天起，我要没收你所有的香烟。"很多女人都认为这么做是再正常不过的事情了，因为她们这是为了丈夫好。可是，结果如何呢？丈夫们往往会反驳说："抽烟有那么可怕吗？那么多抽烟的人有几个死于癌症？那些所谓的医学专家都是骗人的。我看你还是少管我。"

如果妻子们下次再想劝自己的丈夫戒烟，不妨试一试下面这个方法。

马健是个十足的“烟鬼”，在上中学的时候就已经学会抽烟了。后来，他和琳琳结了婚，但却没有戒掉吸烟的毛病。琳琳很为丈夫担心，因为烟草已经让马健的肺部受到了很大伤害。她经常会听到丈夫在半夜的时候咳嗽不止。

不过，琳琳非常清楚，如果自己强迫马健戒烟的话，一定会引发争吵，因此她决定换一种方法。

这天，琳琳对马健说：“亲爱的，我真想要一个既聪明又健康的宝宝。”马健笑了笑说：“是吗？事实上我也一直都有这个愿望。”琳琳故意有些沮丧地说：“可是，我却为我们将来的孩子很担心。”马健有些奇怪地问：“为什么？”琳琳说：“我听医生说，如果父母有人抽烟的话，对孩子健康的影响非常大。”马健仿佛在自言自语地说：“是吗？那我真的应该考虑戒烟了。”琳琳说：“不，我不想你忍受痛苦。再说，也许医生是胡说的呢？”突然，马健坚定地说：“我宁可相信医生的话，从今天起我不再吸烟了。”果然，从那天以后，马健再也没有抽过烟。

其实让丈夫为你们做一些改变并不是不可能的事，有很多种方法可供选择。不过，在这其中，最笨的一种方法恐怕就是强迫了。

保持独特魅力，让男人着迷

“潮流”大概是女士们最敏感的词语了。的确，我们身边不乏那些追赶潮流的人，特别是女性。当然，追赶潮流并不是一件错事，毕竟爱美之心人皆有之，更何况爱美还是女人的天性。然而，一些女士却是在毫无理智的情况下盲目追求潮流，结果不只弄得自己身心疲惫，而且还得不偿失。

一些女士为了讨自己心仪的男人欢心，不惜花费大量的金钱和精力去追赶潮流。然而，潮流的变化似乎太快，还没等女士们反应过来就已经发生改变。于是，很多女士在追赶潮流的过程中实在体力不支，只得败下阵来。

丽丽是个时髦女郎，同时也是个痴情种子。为了让自己和男友的爱情永葆“新鲜感”，她每月都会将自己薪水的绝大部分花在梳妆打扮上。一些新款服装在刚上市的时候价格总是很贵的，所以很多精明的人总是会过段时间以后再买，可是丽丽不这么认为，她觉得等到所有人都可以穿上新款衣服的时候，那就不能体现出自己的魅力了。因此，每当一款新式的服装刚上市，丽丽就会毫不犹豫地把它买下来。因此，周围的人都开玩笑地说：“有了丽丽在身旁，根本不用去买时装杂志就可以知道最近的潮流。”

本来，丽丽以为自己这样做一定会让男朋友更爱自己，可谁料想男朋友突然有一天提出要和他分手。同时，男朋友告诉她自己已经爱上了另一位姑娘，而那个人就是丽丽的同事苏珊。丽丽不能理解，不明白自己为什么会失败。事实上，那个苏珊没有一点品位，一年四季几乎都是那套老掉牙的职业装。

男朋友对她说：“丽丽，事实上我从没有真正留心过你穿什么衣服。即使你穿的是最时髦的衣服，在我看来也没什么分别。相反，正是因为你不断地追求时髦，反而使我认为你是一个只知道花钱不知道赚钱的人，所以我只好选择放弃。”丽丽显然不服气，愤怒地说：“即使这样，你也不应该选择苏珊啊？她一年四季就穿着职业装，有什么魅力可言呢？”男友摇了摇头说：“你错了，丽丽。虽然苏珊总是穿着职业装，但在我看来却是魅力非凡。尽管她显得跟不上潮流，但她却始终都保持着自己一贯的风格和独特的魅力，也正是她这种职业女性的魅力征服了我。”

也许，直到现在丽丽也不知道自己输在哪里。她追求潮流没有错，但那也同样让她失去了自我。也就是说，社会上流行什么，她就是什么样子，而一旦不流行了她就改变样子。对于男人来说，恐怕没有一个人会喜欢这种“千面女郎”。相反，他们的心更容易跟着那些能够永远保持自己独特魅力的人走。

每一位女士都想将自己最漂亮、最有魅力的一面展示给自己心仪的男子，这也是无可厚非的事情。然而，如果女士们不能保持住自己的一贯风格的话，那么男人们的心很快就会溜走。道理很简单，因为你没有什么地方真正让他痴迷。因此，女士们要想让男人为你着迷，那么最好的办法就是在穿衣打扮上保特自己的风格。

当然，要保持自己的风格，并不是说女士们要像苏珊那样一年四季只穿一种衣服。你们要根据自己的外形条件和内在气质来选择着装，将自己最有魅力的一面展示给男人，而不是随波逐流，盲目追求时尚潮流。

有些女性可能会觉得："我是个普通得不能再普通的女人，我没有钱也没有精力去赶什么潮流，我就是像苏珊那种能保持独特魅力的女人。可是，我从未发现过这种所谓的独特魅力会让哪个男人着迷。"

如果女士们把独特魅力想得如此简单的话，那么就是大错特错了。事实上，女人的独特魅力不仅包括外表上的，同时还包括很多内在的东西。

娜沙新交了个男朋友，所以这段时间正沉浸在甜蜜的爱情之中。娜沙很看重这个新男朋友。的确，这位年轻的小伙子不仅仪表不俗，而且还事业有成，是很多姑娘梦寐以求的未来伴侣。应该说，这位小伙子也很喜欢娜沙，因为娜沙性格温柔，很有淑女风范。

有一次，娜沙和男朋友一起看了一场电影。回来以后，小伙子一直说电影中的女主角真不错，把一个泼辣果敢的女人塑造得活灵活现。娜沙听完之后，心中就以为自己的男朋友一定喜欢那个类型的女人。于是，她暗下决心改变自己。

然而，就在她改变的第三个月，男朋友提出和她分手，理由就是受不了她的泼辣。娜沙委屈地说，自己所做的一切都是为了他，因为他曾经说过喜欢电影里那种类型的女孩。小伙子这时才知道了事情的原委，于是对娜沙说："你就是你自己，干吗要学别人？我说那个女主角不错，是因为她不过是虚构的一个人物。而你娜沙，却是实实在在的。我当初之所以选择你，就是因为你的温柔，然而你却放弃了自己。对不起，现在的你我无法接受。”

相信在现实生活中，这种事情并不少。很多女士都对自己没有正确的认识，往往把羡慕的眼光投向别人。为了让自己充满“魅力”，她们不惜改变自己的外表、行为习惯乃至思维方式，极力模仿自己心中的偶像。然而，模仿毕竟是模仿，永远无法与最真实的气质流露相提并论。结果，这些女士不但失去了自我原本的魅力，而且也让心仪的男人开始疏远她们。

罗兰女士在一家大公司任行政总监。也许是工作上的原因，她总是给人一种高傲、不可亲近、冷冰冰的感觉。在罗兰看来，任何事都比不上工作重要，因此她也总是给人一种精明强干的感觉。

在很多女性的眼中，罗兰是一个典型的“怪物”，根本不会有任何人喜欢她。她们的理由很充分，那就是没有一个男人不希望找到一个温柔体贴，把家庭摆在第一位的妻子。可是，事实却并非像女士们想的那样，夸张一点说，罗兰女士的追求者大有人在。很多男人都希望能够娶到这样一位妻子。

当问起那些男士为什么会对罗兰如此着迷的时候，他们回答说：“尽管她冷若冰霜，而且还是个工作狂，但她身上那股独特的魅力却让我们无法抗拒。如今，很多女士为了让自己显得有魅力，经常会刻意地做出一些举动。比如，有的女人明明性格豪爽一些，却非要装出一副小家碧玉的样子，结果让人有一种厌恶的感觉。而有的女人明明是属于温柔体贴类型，却非要装出一副豪放的样子，结果让人觉得不伦不类。

可是罗兰从来没有过，她永远都把最真实的一面展示出来。坦白说，正是她这种真实的展现才征服了我们。”

犹他州心理学专家唐·德里克曾经说：“男人都有一种很奇怪的心理，那就是他们一方面希望女人为了他们而去改变自己，另一方面又希望女人能够坚持住自己的本色。不过，两者相比较起来，男人更希望认识的是女人的本来面貌。很简单，男人都不希望自己的判断有错误，他们对自己做出的决定很有自信。”

因此，如果女人能够表现出自己独特的魅力，那么他们就会为之而倾倒，而且暗自为自己做出的正确决定而高兴。此外，很多人都认为男人最容易见异思迁，其实男人只是冲动性地想要获得新鲜感，他们更渴望得到的则是女人那种让自己永远着迷的魅力。”

纽约最大的汽车销售公司的总经理卡尔·帕特罗曾经说：“我是一个时尚前卫的人，但这并不影响我对古典主义的欣赏。如果我喜欢上一个具有古典气质的女人，那么我不希望她为了我而改变成充满现代气息的时髦女郎。事实上，虽然她的审美观点和我会有冲突，但她身上散发出来的古典气质却会让我痴迷。因为那就是她，一个本来的她，一个浑身散发着属于自己的独特魅力的她。”

所谓的独特魅力并不是一些不好的习惯和行为，而是真正能够散发出光芒的内在气质。比如，如果你真的不会温柔，而且温柔也不适合你，那么就不要改变。当然，前提是你的“不温柔”必须是豪爽，而不是粗鲁。因为前者是魅力，后者则是陋习。

爱，需要亲密也需要空间

一个即将出嫁的女孩，向她的母亲提了一个问题："妈妈，婚后我该怎样把握爱情呢？"

"傻孩子，爱情怎么能把握呢？"母亲诧异道。

"那爱情为什么不能把握呢？"女孩疑惑地追问。

母亲听了女孩的问话，慢慢地蹲下，从地上捧起一捧沙子，送到女儿的面前。只见那捧沙子在母亲的手里，圆圆满满的，没有一点流失，没有一点撒落。

接着母亲用力将双手握紧，沙子立刻从母亲的指缝间泻落下来。当母亲再把手张开时，原来那捧沙子已所剩无几，其团团圆圆的形状，也早已被压得扁扁的，毫无美感可言。女孩望着母亲手中的沙子，领悟地点点头。原来爱情需要空间，握得越紧，失去的反而越多。

婚姻如此，恋爱更是如此。每个人都是一个独立的个体，婚姻并不能改变这种根本上的独立性。渴望相对独立的空间，尝试随心所欲地做事，是生命的必然规律，密不透风的"深爱"，其实是披着关爱外衣的自私占有，爱得太谨慎就是对爱的枷锁。

很多热恋中的情侣走进了婚姻的殿堂，在之后的生活中，他们可能很难适应热恋与婚姻的温差。尤其对于女性来说，总是希望丈夫像热恋时一样与自己如胶似漆。但生活中一些事情常常是物极必反的：你越是想得到他的爱，越要他时时刻刻不与你分离，他就越会远离你，越容易背弃爱情。你多大幅度地想拉他向左，他则多大幅度地向右。

常常听结过婚的人谈起自己婚后生活的不顺心，为什么两个人都极为珍视的结合，最后会成为感情的障碍？为什么为了更好地拥有对方而结婚却使两人离得越来越远？看完下面这个故事，也许会对我们有所启示。

小周和丈夫三年前结婚，当时丈夫还是一个小职员，每天在外奔波。每天一到下班时间，小周就打电话要他回来，生怕他在外面学坏了。久而久之，丈夫的同事都笑称他带的是一台“寻夫机”，弄得他很尴尬，回到家就冲小周发火：“整天打电话，你烦不烦啊？”

一听这话，小周的委屈如潮水一般涌了上来：人家是因为关心你、爱你、害怕失去你才这样，可你却丝毫不领情。久而久之，他们的感情便疏远了。

后来小周偶然间读到一篇文章，文章里描写了一个和她的处境相同的女孩，生怕失去恋人，因此就无时无刻不监视着他，弄得他心烦意乱，最终提出了分手。读到这里，小周猛然一惊：是啊，为什么一定要把男人死死地看着呢？他有自己的事业，有自己的天空，为什么不放开他，给他一定的自由呢？从此，小周改变了很多，不再追根究底地查丈夫的去向。

丈夫对小周的态度也因此有了明显的改变，晚回家时总是会给小周打电话说一声。在结婚纪念日的时候，丈夫动情地对小周说：“曾经有一段时间，我觉得自己好像犯人一样。我为了能让我们的生活过得更好辛苦地在外面打拼，回家却还要接受你的盘问。那段时间我很苦闷。而你突然像变了一个人一样，总是对我很宽容，也给了我足够的自由让我可以专心于事业。说来也奇怪，之后我每当超过8点还没有回家就会格外惦记你，所以都会给你打电话。”

女人在爱情上的不幸，很大程度上是出于对爱的理解的偏颇。爱是自私的，但爱人绝不是私有财产，爱应该用温柔、体贴、理解、沟通来维系，而不应该用“刑侦监控”，甚至“一哭二闹三上吊”的方式把对方时刻拴在身边，那样只能适得其反。

爱无须抓得太死，也不必给得太多，多了会让人窒息。爱情就是这样，它本是生命中深挚的关怀与体察，无须刻意去牵扯，越是想抓牢，越容易成为枷锁。爱情需要自由呼吸，不管是“软磨”还是“硬泡”，都不是爱情本该有的形式。

发生冲突时，切忌失去理智

家庭成员之间难免因某种原因产生摩擦，这时，如果把话说得过重，就会使矛盾激化；相反，如果压制自己的情绪，则会让事情平息下来。

一个女孩与同学聚会，走之前与父母约定，晚上十点前回家，然而直到晚上十二点，女孩才到家。

妈妈见女儿喝得醉醺醺的，生气地训斥了她一顿，还说：“你爸爸一直在等你，他对你很失望，你最好去跟他道个歉。”顿时，女孩一下子清醒不少，感觉自己会被父亲痛斥一番。她怯生生地来到书房，面色凝重的父亲什么话都没说就转身回卧室了，将惭愧的女孩独自留在了黑暗中。

晚归之事，自此便不再发生。

为人父母者都有责备孩子的经验，多半也了解孩子可能有的反抗心，所以要他们反省是相当困难的。通常会以一句："你是怎么搞的，我已经说过多少次！"想让他们了解并且反省，此时他们若有反抗的举止，父母又会加一句："你这是什么态度？"然后说教更是没完。

如此愈是责骂，反抗心便愈是高涨，愈是希望他们反省，愈得不到效果，于是情况就会变得更糟，但藤本先生的这种做法，使他女儿的反抗心根本无从发泄，反而转变为反省的心。因藤本夫人的一顿训斥，已足够引起女儿的反抗，所以藤本先生巧妙地将它压抑住，反而使女儿的内心感到十分歉疚。

压制自己的情绪，在遇到愤怒的事情时，切勿失去理智，口不择言。通常有些"过头话"是在感情激动时脱口而出的。如夫妻吵架时，丈夫在火头上说："我一辈子也不想见到你！"这话显然是气话、"过头话"，是感情冲动状态下的过激之言。事过之后，冷静下来，又会追悔莫及。

钢刀砍在石头上，肯定会溅起火星，如果钢刀砍在棉花上，则软而无力，对方一定不会再强硬下去。

与父母和睦相处的秘诀

曾看过这样一封短信。

给爸爸的问候：

"亲爱的爸爸，您还好吗？不知不觉又是一年的父亲节了，您千万要注意身体，年龄大了，别太劳累。现在女儿过得还算好，请您不用为我担心。在您心中，女儿是不是还是一个长不大的孩子？其实女儿已经懂得如何照顾自己了！”

看似简单的问候，长大的你是否羞于对父母说出？父子、母女的关系，按说应该是最亲近的。但在现实生活中，随着孩子的成长，父母的老去，很多时候这段关系并不像我们想象中那么和谐。

有些时候，可能因为你没有注意礼仪，不知不觉中伤害了父母的自尊；有时候，是因为你没有考虑父母的感受，有意无意之间让父母生活得越来越孤寂。其实，与父母之间也要讲究礼仪和相处的技巧。

1. 听从教导

孝敬父母只是做到对父母有礼貌是远远不够的，更重要的是听从父母的教导，按父母的正确教导去做，不任性，不让父母操心。有时，父母不了解情况，错怪了你，你也要冷静，要心平气和地向父母说明情况和解释。听从教导要虚心，态度要诚恳，要认真听，要有真心诚意。

2. 恭敬礼让

恭敬礼让是孝敬父母的另一种具体表现。一起外出归来，让父母先进门；冬天给父母掀门帘进入；就餐时，请长辈先就座，让他们先吃；吃水果时，选大的、好的先送给爷爷、奶奶、爸爸、妈妈或其他长辈。这样做既是尊敬长辈的具体表现，又是孝敬父母的良好行为。

3. 关心问候

我们应该关心父母的身体，带着一颗孝敬的心，问寒问暖。早、晚向父母问安，表达对父母的亲切问候和诚挚的祝福。问安时，如果发现父母健康情况有什么变化，应该尽可能地照顾好父母，并建议父母早些到医院就诊。

除了早、晚问候之外，子女外出也一定要禀告父母，把什么时间、上哪去、干什么，都一一和父母说得清清楚楚；回来时要面见父母，说明自己平安归来了，事情办得怎么样，免得父母挂念，为你劳神和操心。

如果你在外地工作，每逢节日，不管身边的工作有多忙，一定要抽时间回去看看在家盼望你回来的父母，家里永远有香喷喷的米饭和热乎乎的汤在等着你。

第十章

矛盾突围：高效化解人际冲突

变通退避，趋福避祸

在不利的形势下，善于变通、果断退避，是一个人睿智的表现。当我们在客观条件不允许继续前进，或再前进时就危及自身的情况下，就应当自觉地、主动地退避。

历史和现实都一再表明，善于退与善于进，具有同等的谋略价值，只善于进而不善于退的人，绝非高明之人，而只有把两者有机地结合在一起并加以灵活运用的人，才称得上高明，才能趋福避祸。

明朝年间，在江苏常州地方，有一位姓尤的老翁开了个当铺，很多年了，生意一直不错。某年年关将近，有一天尤翁忽然听见铺堂上人声嘈杂，走出来一看，原来是站柜台的伙计同一个邻居吵了起来。

伙计对尤翁说："这个人前些时候典当了一些东西，今天空手来取典当之物，不给就破口大骂，一点道理都不讲。"

那人见了尤翁，仍然骂骂咧咧，不认情面。尤翁却笑脸相迎，好言好语地对他说："我晓得你的意思，不过是为了度过年关。街坊邻居，区区小事，还用得着争吵吗？"于是叫伙计找出他典当的东西，共有四五件。尤翁指着棉袄说："这是过冬不可少的衣服。"又指着长袍说："这件给你拜年用。其他东西现在不急用，不如暂放这里，棉袄、长袍先拿回去穿吧！"

邻居拿了两件衣服，一声不响地走了。当天夜里，他竟突然死在另一个人家里。为此，死者的亲属同这个人打了一年多官司，害得那家人花了不少冤枉钱。

原来这个邻人欠了人家很多债，无法偿还，走投无路，事先已经服毒，知道尤家殷实，想用死来敲诈一笔钱财，结果只得了两件衣服。他只好到另一家去扯皮，那家人不肯相让，结果就死在那里了。

后来有人问尤翁说："你怎么能有先见之明，向这种人低头呢？"尤翁回答说："凡是蛮横无理来挑衅的人，他一定是有恃无恐。如果在小事上争强斗胜，那么灾祸就可能接踵而至。"人们听了这一席话，无不佩服尤翁的聪明。

按常理，人们都会与故事中无理的邻居吵起来，但尤翁偏偏没有。他认为邻人蛮横无理地挑衅，必事出有因，所以打破常规，故意笑颜避开争端，这就是巧妙避祸的智慧。

不过，讲究趋福避祸之道并不是说一看前方有危险，便急忙后退，一退再退，以至放弃原来的目标、路线，改变方向、道路（而这个方向、道路与原来坚持的方向、道路已有本质的区别），如果这样那就是知难而退了，就不具谋略价值，而是逃跑主义了。所以，在趋福避祸的问题上也要分清勇敢与怯懦、高明和愚笨。一般来说，要做到这一点，就必须具备较高的修养，善于克制、约束自己。

所以，隐避不是消极地避凶就吉，而是要懂得变通，暂时收敛锋芒，隐匿踪迹，养精蓄锐，伺机而动。

淡化争端本身的严重程度

淡化争端本身的严重程度，使一方或双方看淡争端，从而缓和情绪，平息风波。

某厂一对新婚不久的夫妻因家庭小事闹矛盾，女方一气之下跑到娘家哭诉告状，说男方欺负她。哥哥听罢心想：我妹妹结婚不久就遭妹夫欺负，日后还有好日子过？于是气愤地扬言要去教训妹夫。

这时，父亲充当起“和事佬”来，他首先对儿子说：“教训他？别冲动！教训他就能解决问题吗？再说，他家又不在厂里，一个人孤立无援的，你去教训他，旁人岂不要说闲话？好了，你妹妹自己家里的小事，用不着你操心，还有我和你妈呢。你多管些自己的事去吧。”

待儿子息怒离开后，父亲又劝慰女儿说：“别哭了，又不是什么大不了的事。都结婚出嫁了，还耍小孩子脾气，多羞人。小夫妻哪有不吵架的？我当初和你妈就常吵闹呢。不过，夫妻吵架不记仇，夫妻吵架不过夜。你不要想得太多，日后凡事要大度些，不要像在娘家那样娇气任性。好，快点回你们小家去，不要让他到这里来找你回去，他是个不错的小伙子。家丑不可外扬，以后丁点儿小矛盾不要动不动就往娘家跑！”

女儿点头止哭，像没事一样，回她的小家去了。

夫妻吵架本是稀松平常的事，而当事人本身却认为事情很严重。因此，父亲在劝慰女儿的过程中，始终强调夫妻闹别扭只是“丁点儿”小事情，促使女儿把争端看得淡一点儿。女儿在冷静思考之后，认同了父亲的看法，思想疏通了，气也自然消了。

“和事佬”调解纠纷的三个法宝

在日常生活中，人与人之间有时难免会因为这样那样的原因引起争吵或纠纷，产生交往上的障碍，对于始料不及的纠纷，如果得不到及时解决，化干戈为玉帛的话，往往会使双方积怨加深，妨碍彼此间的正常关系。这时就需要纠纷外的第三者去调解，使其关系融洽。

比如说，你与一个朋友之间产生了一定的隔阂，但又不想与之断交，这就不妨请个第三者从中说和。第三者的任务是将双方的歉意及想保持交往的愿望准确真实地进行传递。

小孩子们中常常出现这种事情：“小燕，珍珍愿意和你好了，你呢？”“我也愿意。”“珍珍，小燕愿意和你好，大家拉拉手吧！”这是最简单的第三者消除隔阂的办法。成年人的世界里，这种方法很常见，但复杂得多。

人间需要“和事佬”。有机会充当这样的角色，是很有意义的。

有时候，双方陷入僵局，相持不下，顾及脸面，谁也不愿做个低姿态，给对方一个台阶。这时“和事佬”就大有用武之地了。

“和事佬”最高超的功夫，就是“打圆场”，也就是交际双方处于争吵或尴尬处境时，由“和事佬”出面站在第三者角度进行调解。“打圆场”运用得好，可以活跃气氛，联络感情，消除误会，缓和矛盾，平息事端，还有利于应付尴尬，打破僵局，解决问题。

那么，如何才能达到顺利调解纠纷的目的，让“圆场”打得成功呢？以下三个法宝可以借鉴：

1. 先表“赞同”，后诉歧异

“和事佬”在调解纠纷时，不妨适当采用“赞同”的方法，即强调谈话双方在某一方面的“一致性”的方法，如强调共同愿望，肯定对方某一点意见的正确，等等。

这种寻找“一致性”的方法，有助于打消调解对象的对立心理，平定激动、愤怒的情绪，从而理智地、心平气和地接受正确意见，达到事半功倍之效。

2. 言辞恳切，合法合情

既然是打圆场，那么双方的矛盾均属于没有什么严重冲突的内部矛盾，应以和平解决为最佳途径，这就要求“和事佬”的语言符合调解对象的特定心理。有时语言虽然合理，却不合“情”。所以，说话不可生搬硬套，必须根据调解对象的不同的心理特点，选用不同的话语。

3. 因人而语，忠言不逆

世人常说：“良药苦口利于病，忠言逆耳利于行”，但随着科学技术的迅速发展，良药也裹上了糖衣，变得可口了。既然良药未必苦口，那么忠言也未必逆耳，这就取决于说话的方式方法的优劣了。“和事佬”要抓住调解对象爱面子的心理，从维护双方名誉出发，晓之以理，动之以情，使忠言的表达深刻得体，忠言也变得顺耳利行了。

陷入不利境地时，如何为自己解围

在人与人之间的交往过程中，经常会碰到一些麻烦，常常会发生由于言语或行动等方面的因素而使自己处于不利境地的状况。

在这种情况下，如果能采用某种方式而扭转状况，那自己就可以得以解脱。在这时就得动用自己的智慧。下面几种方法和技巧将会对你大有裨益。

1. 巧妙区分

对于有些涉及权威者的情况，为了给对方留一个面子，同时恰当地维护自己的尊严，就要巧妙区分，从不同的角度来解决。

南朝齐代有位书法家叫王僧虔，写得一手绝好的隶书，但是当朝皇上齐高帝萧道成也是一个翰墨高手，他要和王僧虔比个高低，两人都写了一幅字。

高帝问王僧虔：“谁为第一？”

若一般臣子，当然会立即奉承皇上说：“臣不如也。”但王僧虔却是一副刚强不屈模样，明明自己的书法高于皇帝，为什么要做违心的回答呢？这位才思敏捷的书法家竟说出一句千古流传的绝妙答词：“臣书，臣中第一；陛下书，帝中第一。”

他巧妙地把臣与帝的书法比赛分为“臣组”与“帝组”加以评比，这样既满足了高帝的“冠军欲”，又维护了自己的荣誉和品格。皇上听了，也只能哈哈一笑而已。

王僧虔在这里就巧妙地运用了“巧妙区分”这种手法，使得其回答委婉圆转，皇上也无话可说。

2. 巧设“陷阱”

巧设“陷阱”就是针对对方的心理，提出某种合理的愿望或要求，求得对方的承诺。当对方进入“陷阱”后亮明真相，对方也无法反悔，这一招通常是非常见效的。

孙膑是战国时期著名的军事家。他到魏国求职，而魏国的国君魏惠王心胸狭隘，非常昏庸。他嫉妒孙膑的才华，有意在众人面前刁难他。

魏惠王对孙膑说：“听说你足智多谋，如果你能使我从座位上走下来，我就任用你为将军。”

魏惠王心想：无论他使什么手段，我就是坐在这里不起来，看他能把我怎么办。孙膑想：魏惠王赖在座位上，我不能强行把他拉下来，因为对皇上不敬是死罪，怎么办呢？

孙膑思考了一会儿，然后对魏惠王说：“大王，我确实没有办法能让您从宝座上走下来，不过我有办法能使您坐到宝座上。”

魏惠王心想：这还不是一回事？我就是不回到宝座，又能奈我何？于是他从座位上走了下来。孙膑马上说：“大王，我已经使您从座位上走下来了。”

魏惠王知道自己上当了，但他没有任何办法，只好任用孙膑为将军。

我国古人非常善于运用这种“巧设陷阱”的方式解决问题。孙膑就是转换了思维，引得骄傲自信的魏惠王一步步上当，最终成功帮自己摆脱尴尬的境地。

3. 巧用典故

东征高丽没有成功，是唐太宗李世民光辉一生的重大缺憾。一直以隋炀帝为反面教材的他，重蹈覆辙，在隋炀帝摔倒过的地方摔倒了。面对这种突如其来的重大挫折，怎么才能够堵住悠悠之口，捍卫好不容易经营起来的光辉形象呢？

作为大谋略家的李世民，他认为曹操在赤壁之战的失败跟自己东征高丽失败，在形势上极为相似。因此曹操处理战败的策略，无疑也可供自己用来“下台阶”。曹操在赤壁战败之后当着众人“哭祭郭嘉”，而李世民也故技重施，选择了“哭祭魏征”的形式成功为自己解围。

中国历史上有许多流传至今的典故，其内容涉及方方面面。如果能根据一定的场景，适当地选用典故，就会有更大的说服力，往往能帮助你摆脱不利境况。

受到诋毁时，正面消除闲言碎语

人生在世，免不了遇到说三道四、传播闲言碎语的人。他们喜欢议论谁是谁非。这类人中有的是有目的地中伤他人，有的是为了操纵他人，捞取好处。

首先，尽力找出这些闲话后面隐藏的动机，然后鼓励那些散布闲话者更加直率和公正地表达自己的意见和想法，让他们面对面地向你道出自己的不满。这样做，你有时可以打碎遮挡于你们之间的屏风，判断出问题的真正所在，然后澄清事实，及时将矛盾予以解决。

正面消除闲言碎语，这对你十分重要，如果越任其滋生蔓延，越会对你不利。其他人也会觉得你无法处理这一问题，谣言传播得太久，也会被他人误以为是事实。因此，你可以与散布谣言者正面交锋面谈，与其单独谈谈这一问题。比如，你可以问问他：

“我听到的话都是你真心想说的吗？”

“我猜测你不同意我的观点，对吗？”

“我们能谈谈你的想法吗？”

如果你表现得十分真诚而直率，并且那些谣言传播者根本上并无恶意，而只是一种误解或者迷惑，他们很有可能会当场败下阵来，向你表示歉意，并制止和收回自己的谣言。

当众人向你散布谣言时，制止谣言的另一战略是让其中的一些人站在你的一边，然后再去影响和改变另外一些人，让谣言不攻自破、逐渐消失。

别人向你借钱时的回绝方式

在人际交往中，借钱本来就是个十分敏感的话题，尤其当好朋友向自己借钱时，那个“不”字就更难说出口了。这时，你可以借鉴下面的几个方法，让借钱之人知难而退。

1. 义正词严，揭穿老底

小王的一个很久不曾联系的高中同学跑来向他“借”钱，

声称等存款到期了就立刻还钱。小王听后哑然失笑，当即毫不留情地说："老同学，你可别坑我了，我听说你现在到处借钱，两年前你向我们的同学辉子借的 2000 元，到今天还没还，哪可能还有什么存款来还我呀！"听完这番话，来"借"钱的人只好灰溜溜地走了。

有些人借钱时喜欢虚张声势，不会承认自己没钱，而是声称自己很有钱，只不过暂时拿不到，因为"急用"，让你暂且"借"一下。面对这种人，你不妨可以根据自己掌握的信息，毫不客气地揭穿对方的老底，让对方无法再蒙骗过关。

2. 提高警惕，辩驳对方

老李的一个朋友来找老李借钱，说生意势头很好，只是本钱比较紧张，希望老李能借 20000 元作为本钱，并声称每月的利息高达 1000 元。

老李是个处事稳重的人，他觉得如此高的利息确实诱人，但利息越高可能风险也越大，于是他心里开始琢磨这事的可信性。他问对方："你借我 20000 元本钱，一年可挣回多少利润啊？"

"5000 元。"没做准备的对方信口开河，接着又说："1 年期满后我连本带利分文不差归还！"

这下老李严肃起来，辩驳道："你向我借这笔钱，一年的利息高达 12000 元，而你利用这笔钱仅能挣 5000 元利润。那么，你是专程来让我挣利息的还是在为你自己做生意的？"老李的辩驳让对方哑口无言，对方只得狼狈而逃。

有些人专会利用大多数人想以钱生钱的发财心理，假借"高利”的幌子向朋友“借”钱，实则是在骗钱。如果你碰到了这种人，一定要头脑清醒、提高警惕，在心中盘算盘算事情的可信度，当场辩驳了对方，就会让他的诡计落空。

3. 索债转移，吓退对方

老张一个朋友不期而至，说是要借10000元钱去做点生意，老张不想把钱借给他，于是说：“你来得正好！云飞公司欠我半年的工资，咱们一起去要，要回来你拿去用就是了！”紧接着又说：“不过，那家公司老板是个泼皮，还养着一群保镖打手，不讲理得很呢！”老张的朋友闻之色变，主动托故离去。

当有人向你借钱，你又不好意思直接拒绝的话，不妨试试这“索债转移”的技巧，不是你不把钱借给对方，而是给向你借钱的设置了一个帮你把债务讨回来的前提条件，让对方知难而退。这样，不仅给了对方面子，又不会使自己吃亏。

凡事多想一步，预备好“备用方案”

做人做事必须要有“备用方案”，为自己多考虑几条安全通道。但要想在人与人之间不偏不倚又游刃有余，没有一定的平衡技巧是行不通的。因此，在对待比较复杂的人际关系问题上，多准备几手，适度中立，方能有备无患。

人在职场会遇到很多种情况，拥有“备用方案”会让你游刃有余。

一位叫肖飞的职员讲述了关于自己的一个例子：

“您好！”我对老总说，“昨天我交给您的文件，您签字了吗？”老总转动眼珠想了想，然后装模作样翻箱倒柜地在办公室里折腾了一番，最后他耸了耸肩，摊开两手无奈地说：“对不起，我找过了，从来没见过你的文件。”

如果是刚从学校毕业的我，我会义正辞严地说：“我亲眼看见您的秘书将文件摆在桌子上，怎么会找不到呢？您可能将它卷进废纸篓了！”可我现在不会这样说。既然老总在说假话，我何必要去拆穿他呢？我要的是他的签字。于是我平静地说：“那好吧，我回去找找那份文件。”于是，我下楼回到自己办公室，把电脑中的文件重新调出再次打印，当我再把文件放到老总面前时，他连看都没看就签了字，其实他比我更清楚文件原稿的去向，但我却一点都不生气。

是的，用自己的“备用方案”，在关键时刻解决问题，让自己从困境中走出来，这就是我们在与领导发生冲突时的解决方式。不要在冲突发生以后一走了之，因为在新环境里还会出现老问题，到那时你又怎样呢？也不要为了争一口气大闹一场，因为吵闹不能解决问题，反倒有可能断送了前途。在职场中，谁是谁非并不重要，即便你的领导错了，你也要开动脑筋为领导找一个台阶下，这样才能尽早解决问题。

拥有“备用方案”能让你在关键时刻摆脱困境，从而避免那些无谓的争论。世上最大的空耗之一就是与人反复争论。正如卡耐基所说：“争论的结果是使双方比以前更相信自己绝对正确。要是输了，当然你就输了，如果赢了，你还是输了，因为争论赢不了他的心。”

因此，做人应当避开反复争论的空耗，在处理冲突的问题上应该冷静，绝不能像个孩子一样在冲突中放任自己，要运用自己的智慧和团队精神与上司及同事尽量合作，让他们发现你其实是个理想的合作伙伴，这样做的同时也就给自己创造了一个良好的工作空间。

没有先期的计划和应对方案，就会让你手足无措，引发无谓的争论。有了备用方案，在关键时刻会让你从容应对并赢得先机。总之一句话：凡事多想一步，预备好“备用方案”。